综研基金 ◎ 热点问题探讨论丛
深圳市人文社会科学重点研究基地成果

改革开放再出发

CHINA'S REFORM AND OPENING-UP AND
CHINESE THINK TANKS DEVELOPMENT

智库发展新作用

樊纲　许永发 ◎ 主编

国家高端智库综合开发研究院（中国·深圳）出品

深圳市综研软科学发展基金会资助出版

中国经济出版社
CHINA ECONOMIC PUBLISHING HOUSE
北京

图书在版编目（CIP）数据

改革开放再出发，智库发展新作用／樊纲，许永发主编．—北京：中国经济出版社，2022.6
ISBN 978-7-5136-6947-4

Ⅰ．①改… Ⅱ．①樊… ②许… Ⅲ．①咨询机构-中国-文集 Ⅳ．①C932.82-53

中国版本图书馆CIP数据核字（2022）第094549号

策划编辑　赵静宜
责任编辑　罗　茜
责任印制　马小宾
封面设计　久品轩

出版发行	中国经济出版社
印 刷 者	北京富泰印刷有限责任公司
经 销 者	各地新华书店
开　　本	710mm×1000mm　1/16
印　　张	15
字　　数	206千字
版　　次	2022年6月第1版
印　　次	2022年6月第1次
定　　价	88.00元

广告经营许可证　京西工商广字第8179号

中国经济出版社 网址 www.economyph.com 社址 北京市东城区安定门外大街58号 邮编 100011
本版图书如存在印装质量问题，请与本社销售中心联系调换（联系电话：010-57512564）

版权所有　盗版必究（举报电话：010-57512600）
国家版权局反盗版举报中心（举报电话：12390）　　服务热线：010-57512564

编委会

顾　问　郑良玉

主　任　樊　纲　许永发

委　员　陈　伟　周若洪　樊纯诗　李罗力
　　　　　贺国锋　李　勇　唐惠建　武良成
　　　　　南　洁

编辑部　郑宇劼　吴斐然　程旭玲

前　言

改革开放40余年来，中国的经济发展不仅给社会带来巨大变化，也对世界经济增长产生了深远影响。近年来，全球化与逆全球化并存，国际金融环境收紧，新兴经济体增长乏力，中国经济发展面临复杂的外部环境。对中国而言，做好新形势下全球经济发展趋势分析预判、继续深化改革与扩大开放、培育壮大新动能、推动经济高质量发展、不断提升国际竞争力，成为当下至关重要的任务。

随着改革开放的不断深入，智库在服务政府科学决策、推动中国经济与社会发展中的重要作用日益凸显。面对复杂多变的国际形势，做好全面深化改革、提升开放型经济水平等相关政策研究，充分发挥智库咨政建言作用，同时探索智库管理机制创新，加快转型升级，是新时代中国智库的责任与担当。

深圳市综研软科学发展基金会自成立以来，就始终关注中国经济长期发展问题，并资助了一系列相关公共政策研究项目。2019年5月30日，深圳市综研软科学发展基金会和综合开发研究院（中国·深圳）在深圳主办"2019综研基金·中国智库论坛"，并以"改革开放再出发，智库发展新作用"为主题，共同探讨中国全面深化改革、扩大开放、实现经济高质量增长的途径，以及新时代中国智库创新发展、服务中国经济发展的策略。

本次论坛邀请了中国宏观经济研究院、中国国际问题研究院、中国现代国际关系研究院、中国财政科学研究院、中国国际贸易学会、国务院发展研究中心公共管理与人力资源研究所、中国社会科学院经济研究所、中国石油集团经济技术研究院、国家开发银行研究院、北京大学国家发展研究院、北京大学汇丰金融研究院、清华大学公共管理学院、上海社会科学院、国网能源研究院有限公司、美国缪肯研究院等机构的国内一流专家学者,分别就全球新变局与中国经济展望、展望改革开放新进程、聚力中国智库新发展等主题展开讨论与交流。

目　录

聚力中国智库新发展

综合开发研究院 （中国·深圳）	探索建设中国特色新型智库／3
上海社会科学院 智库研究中心	百年变局下的智库开放与创新／11
丁元竹	探索和创新中国智库的研究方法／19
王莉丽	智库公共外交：国家意识形态权力的概念功能与机制模式／31
朱旭峰　贾　杨	研究基金机构在中国智库建设中的作用研究／48
黄子恒	中国特色新型金融企业智库发展道路探索和研究／67

展望改革开放新进程

林毅夫	世界新变局及中国的应对／83

2　改革开放再出发，智库发展新作用

贾　康	将中国改革开放的现代化伟业进行到底 ——庆祝改革开放 40 周年 / 89
李　钢	全球化、多边贸易体系变革与中国开放发展 / 100
张晓晶	40 年后，改革再出发 / 115
贺力平	70 年来外汇政策的改革调整和成就 / 131
丁元竹	中华人民共和国 70 多年社会沟通方式变迁与展望 / 145
柴高峰　吴鸾莺	改革开放 40 年电力发展历程及展望 / 155
巴曙松　胡　君	实际汇率政策对经济增长的影响研究综述：发展历史 与演进逻辑 / 170
姜学峰	客观认识我国能源安全形势，努力提升安全保障 水平 / 187
裴长洪　刘洪愧	海南未来产业发展的若干认识与预测 / 193

观点综述 / 212

后　记 / 229

聚力中国智库新发展

探索建设中国特色新型智库①

综合开发研究院（中国·深圳）

新时期中国的智库建设，面临更加广阔的时代机遇，也肩负着更加重大的时代责任。综合开发研究院（中国·深圳）（以下简称"综研院"）作为首批入选国家高端智库的社会智库，历经30年的发展，在体制机制、管理、业务拓展、科学决策等方面不断创新，为中国特色新型智库建设积累了宝贵的经验，具有很好的先行先试效应。

一、智库体制的创新者

20世纪80年代，我国体制改革处于探路阶段，思想的解放、改革的创举，都迫切需要国际视野，需要智力的支持。综研院的创办，既是中国研究体制的一次破冰，也是体制改革的一次新尝试。综研院是由经济学家和政府官员共同发起创办的民间性研究机构，旨在借鉴并逐步形成类似发达国家"思想库"型研究机构的模式，打造我们国家自己的"思想库"，即建设拥有综合性专家群体及进行深入分析研究的信息平台，以及面向社会和市场的服务对象，聚集全国科研精英，广泛延揽海外学者，为经济和社会发展服务。

经过30年的探索和发展，综研院成功走出了一条立足深圳、面向全国、

---

① 本文刊发于《开放导报》2019年第3期。

走向世界的民办官助的社会智库之路,不断在"中国特色"和"新型"上下功夫,破除体制机制的束缚和掣肘,并于2015年成为首批25家国家高端智库建设试点单位之一,更多地为国家大局服务、为社会服务,并"走出去"为全球服务。

二、社会智库的探索者

为吸引国内专家学者、企业家和社会活动家到综研院工作,综研院在领导体制上勇开国内研究机构体制的先河,实行了理事会制,设理事长、副理事长、理事和顾问,理事长由选举产生。理事会是领导机构,下设院工作机构。为了体现属地化管理,综研院曾实施理事会领导下的秘书长负责制,后改为理事会领导下的院长负责制。这一新型体制,是总结我国现行研究体制经验、教训,借鉴国外"思想库"型研究机构模式而形成的,是我国现行研究体制改革的一种新尝试,对活跃我国的政策咨询研究、促进决策的科学化和民主化,具有重要的现实意义和历史意义。

综研院作为社会智库,成立之初具有五大特点。第一,民间性。综研院不隶属于任何政府机关,是一个民办的研究机构。第二,独立性。综研院的最高领导与决策机构是由各界人士组成的理事会,以尊重科学、实事求是的态度,独立自主地开展政策研究,积极主动地为各级政府和企业的决策提供咨询服务。第三,开放性。综研院积极创造条件,欢迎和支持国内外学者及海外中国留学人员以各种形式参加相关研究活动,时间可长可短,来去自由。第四,公益性。综研院不以营利为目的,其经费来源主要依靠国内外企业、团体或个人的资助和事业收入,其宗旨是通过政策研究与咨询活动,为改革开放和现代化建设贡献力量。第五,综合性。综研院积极促进和发展多学科综合研究,坚持理论与实践相结合,社会科学与自然科学相结合,国内研究与国外研究相结合,宏观研究与微观研究相结合,研究咨询与交流合作、培训出版等业务相结合。

作为社会智库，综研院在理事会制的基础上，积极探索"智库基金制"的发展模式，主导发起了两个基金会，分别为深圳市综研软科学发展基金会和深圳市马洪经济研究发展基金会。前者主要资助综研院的公共政策研究，主办中国软科学奖及中国智库论坛；后者重点开展社会民生问题研究，评议政府工作，促进改革发展。这两个基金会在支持综研院高端智库建设方面都发挥着重要作用。同时，综研院还建立了国际交流合作机制和多层次的学术交流平台，如创办经济类专业期刊《开放导报》，设立应用经济学博士后工作站，加入"中国宏观经济智库联盟"等，不断探索创新社会智库的发展建设。

三、咨询市场的开拓者

综研院坚持走市场化发展道路，以有偿的研究成果和咨询服务作为经费来源，自收自支，自主发展，具有较强的自我发展能力，是国内各类智库中市场化程度较高的新型社会智库。目前，综研院形成了理论研究、政策分析、市场（企业）咨询三者兼容，政府任务、自立课题、市场委托三者结合的主体业务框架，从实际出发，从社会需要出发，坚持研究与咨询并举。一方面，为各级政府、公司企业和国际机构所做的咨询工作，获得的财务收入保证了综研院可持续运作；另一方面，咨政研究促进了咨询工作的质量与水平的提高，二者相辅相成、相得益彰。综研院作为社会智库，走市场化的创新发展之路，意味着要遵循价值规律，为客户提供高质量、有价值的服务，遵循市场资源配置，实行灵活高效的工作机制和优胜劣汰的竞争机制：一是区别于政府政策研究室等体制内的研究机构，综研院不是为单一层级政府服务，而是服务中央与服务地方结合，这样可以打破地区和部门的界限，充分了解并准确把握政府、社会、企业之所想、之所急，为中央政策研究提供第一手的实际观察资料，具有接地气、可落地的特点；二是市场机制本身的优势，如它的灵活性、高效性和自主性，是一般行政体制所不具备的。综研院人员实行市场化聘任，打破官办机构的"铁饭碗"和"大锅饭"形式，从而使研究活动保持生机和活力。研究活动的有偿服务，不但节约了政府的行政支出，而且大大增强了研究人员的责任感，对保证研究成果的质量起到了促进作用。

四、科学决策的推动者

综研院始终牢记为国家、地方等决策服务的使命，不断贡献自身智慧。在全局性问题上，向中央、国务院及有关省份提出了沿海、沿江、沿边全方位开放的战略构想和实施建议，对我国边疆省份、中部沿江中心城市的对外开放，乃至全国新的开放格局的形成，起到了积极的促进作用。

此外，综研院重点围绕体制改革、城市化、产业、开发区等内容，为各级地方政府的经济和社会发展提供决策咨询。如围绕广东构建"一带一路"重点开放新格局、广西北部湾经济区、新疆喀什经济开发区、重庆综合配套改革试验区、三峡库区发展模式等，开展大量城市规划、海洋经济、港航布局、交通物流发展等开发开放方面的政策研究。同时，由于综研院在深圳经济特区创办和扎根，因此，长期服务经济特区改革开放建设和经济社会发展也是重中之重，多项重大研究及政策建议直接转化为深圳市政府政策。综研院始终以开放问题为研究方向，形成了一批优秀的理论成果，如出版了《开放与国家盛衰》《中国模式与中国制度》《功利与功利观》，编制《开放报告》等，成为国内研究开放问题的重要参考。综研院在成为国家高端智库之后，继续坚持专业化、特色化发展道路，在"一带一路"建设，粤港澳大湾区建设，新旧动能转换与创新驱动，全面深化改革中科技创新、土地、住房、城市公共服务等方面，贡献了一批高质量研究成果。

除从事理论研究外，综研院还发挥长期在经济特区和开发区研究领域耕耘之所长，积极"走出去"服务境外园区建设，促进"一带一路"项目落地实施，如在埃塞俄比亚、刚果、巴基斯坦、斯里兰卡、印度等国家和地区，承担了10多项中国企业海外园区建设项目，以及为"一带一路"沿线国家建设经济特区提供规划咨询服务，把中国经济特区发展的成功经验广泛应用到"一带一路"建设中，输出中国的软实力，助推"一带一路"高质量发展。

五、高端智库的建设者

中央对25家国家高端智库建设试点单位提出了不同的定位和要求。作为社会智库，综研院的重要使命之一，就是积极探索社会智库体制机制创新，形成可复制、可推广的经验和模式，为我国新型智库建设，特别是社会智库的健康可持续发展提供示范作用。

综研院努力探索和完善社会智库的体制机制，开创了一条遵循智库发展规律和运行特点的中国特色新型智库建设路子。

一是创新智库运营机制。全院整体都是智库，综研院的理事会就是智库的理事会，是"一张皮"。院长是首席专家，集全院之力，齐心协力地推进国家高端智库建设。不断探索创新内部治理，谋求动力与活力，推动智库团队化建设。成立"高端智库首席专家学术审议小组"，对国家高端智库报告实行讨论修改及严格评审制度，确保研究成果的质量；建立选题月度务虚会制度，对选题方向进行讨论交流，在确定选题及立项后，由首席专家学术审议小组负责审定；建立信息和成果共享的"1+N"选题和研究模式，打通课题组之间的"信息孤岛"，强化各项智库决策的协同性，使研究人员致力于长期系统研究方向，提升研究水平；建立既符合实际又灵活高效的研究组织形式，如实行课题组组长负责制（课题组组长对课题运作全权负责）以及跨部门合作（研究人员可根据专业和偏好参与到其他部门的课题研究当中，建立外部协作机制）等。

二是创新人才培养与激励机制。综研院精简机构，内部管理机制"去行政化",实行内部职称制;与国外智库和大学建立合作关系,委托其开展综研院所确定的课题,并邀请相关研究人员作为特约研究员参与课题研究;广泛吸收海外留学人员,吸引海外留学博士进入博士后工作站,参与智库研究;实施国际实习生计划,吸引国外留学生前来实习;重视青年人才培养,保持智库活力,加大智库人才特别是青年智库学者和新锐力量引进力度,培养年轻化的研究团队;创新专向经费使用机制,建立有效的奖励配套措施,激发研究人员能动性。

六、公共外交的践行者

综研院发挥社会智库优势,搭建民间桥梁,沟通全球智慧,积极开展"二轨"外交,与全球各大知名智库建立了良好的联系,开展深入的交流与合作。综研院围绕服务公共外交,每年都前往国外举办10多场活动,逐渐形成了"1+4+4"的国际交流与合作新格局,即围绕1个宗旨(服务国家外交战略)、着重4个区域(非洲、南太平洋岛国、欧洲、东盟)、聚焦4大领域议题(境外园区、全球金融中心、对外援助、湾区),发挥"二轨"作用,当好国家重大外交活动的民间使者。

一是以境外园区咨询服务为抓手,助力中国与沿线国家增进共识,讲好中国故事。在10多个境外项目的咨询过程中,综研院与非洲各国的政府高层、国际组织、重点企业都保持紧密的联系和互动,努力把研究咨询成果转化为政府政策。另外,综研院有关专家学者经常受科威特、埃塞俄比亚、肯尼亚等国的邀请,参加它们主办的重要会议论坛,承担政府代表团、研究机构的培训及访问工作,分享中国经济特区建设经验。

二是以国际合作研究项目为中心,形成国际交流乘数效应。与英国Z/Yen集团进行战略合作,连续3年研究编制全球金融中心指数,联合在我国以及英国、意大利、阿联酋等国发布,提升了我国金融中心的排名和全球影响力。

在此基础上，综研院自主研究编制了中国金融中心指数、双创金融指数。同时，积极与更多国家的政府机构、知名智库、大学和企业"牵手"，拓展研究、交流、传播、文化等多领域合作，如与芝加哥全球事务委员会、旧金山湾区经济研究院、意大利安博思、荷兰国际关系研究院、丹麦国际研究院、德国发展研究院、法国克莱蒙奥弗涅大学—中国经济研究院、马来西亚战略与领导力研究所等国家智库陆续开展合作研究和举办论坛会议。

三是聚焦经贸和产业交流，开拓国际合作新空间。综研院充分发挥自身产业发展规划、创新驱动、公共政策研究方面的专业优势，聚焦我国与他国在经贸和产业合作、援助方面的民间合作，"走出去"拓展全球视野，开展调研与合作。

四是结合咨政研究持续开展学术交流，跟踪新形势，汲取新经验。如对湾区的研究，综研院注重结合咨政研究，着眼湾区建设中的合作机制、科技创新、金融、人民币国际化等话题，与旧金山湾区委员会、日本智库和大学举办圆桌论坛，与东盟国家的智库联合举办泛北部湾智库论坛、中国—东盟智库研讨会。同时，综研院也前往国际上其他湾区进行深入交流，在湾区中搭建桥梁，跟踪新形势，为我国湾区建设提供新经验。

七、中国故事的传播者

综研院在20世纪90年代初创办了全国首家以对外开放战略与经济转型及全球化研究为特色的学术期刊《开放导报》，以及国内首份股市分析杂志《股市动态分析》；2015年又创办了《国家高端智库观察：中国经济月报》和英文研究动态专刊，向国外业界推送英文网站，与Wikipedia（维基百科）和LinkedIn（领英）连接，海外传播效应迅速扩大。综研院通过这些传媒平台，在国际、国内讲好中国故事，引导社会舆论，传播正能量。同时，重点举办持续性小而精的专业学术论坛，扩大智库的国际、国内影响力，也为各国政府官员、国际著名思想库、研究咨询机构以及企业界人士提供相互交流、相互探讨世界和地区发展中重大问题的交流平台。如创办于 2006 年的"沪津深三城论坛",每年轮流在沪、津、深三地讨论综合配套改革进程中所遇到的问题,加强综合配套改革试验区之间的交流;创办于 2015 年的"综研国际报告会",持续邀请国际知名智库专家一起研讨前沿问题与社会热点话题;等等。

此外,集中力量与知名新媒体平台深度合作,借势发力。综研院与中国网、澎湃网、今日头条进行合作,分别开设《综研观察》《综研国策》《综研专访》等评论专栏。这些专栏"一策一论""一策一评",主题聚焦,传播速度快,点击量大,时效性强,发出了智库应有的智慧之声。

智库的建设不可能一蹴而就,社会智库的建设和发展更是如此,各地要根据自身实际,借鉴成功经验,在实践中不断创新,深刻理解和把握中国特色新型智库的历史使命和时代意义,勇于探索,建设"国家急需、特色鲜明、制度创新、引领发展"的中国特色新型智库。

百年变局下的智库开放与创新

上海社会科学院智库研究中心

党的十九届四中全会的召开表明,坚持和完善中国特色社会主义制度有助于推进国家治理体系与治理能力现代化。智库是中国特色社会主义决策咨询制度的重要参与主体,是推进社会主义现代化的重要参与力量。

当今世界正处于百年未有之大变局,各种利益博弈、分化、组合、重构,大国之间在经贸、政治、军事、科技、人才、文化等领域的竞争日益激烈,这已经或即将在今后相当长的一段时期内深刻影响智库行为及其作用。第一,智库是联结知识和决策的桥梁与纽带,承担着资政启民的重要职责,现代意义上的中国智库发展与我国改革开放进程相契合。第二,智库是思想库,随着全球化向纵深发展,智库的理性与智慧为世界所需要,促使各国携手面对人类共同的问题,形成全球智库议题,在求同存异中协调发展。第三,智库是行动者,智库对公共政策的推动及跨国合作,面向人类社会未来发展、面向全球治理体系完善、面向更加和谐开放的全球新时代起着至关重要的作用。在中国迎来全面开放新时代之际,中国智库应在全球智库合作创新中谋求新的发展。

一、中国迎来百年未有之大变局

改革开放40多年来,中国逐步从相对封闭走向全面开放,发展起来的中国正在用自身特有的方式影响着世界,越走越宽的中国道路拓展了发展中国家走向现代化的途径。人们端起历史的望远镜,就可以看到,国际力量对比正在发生近现代以来最具革命性的变化。世界的多极化正在加速发展,包括中国在内的一大批新兴市场国家和发展中国家前所未有地集体性崛起。

与此同时,大国竞争与博弈也呈现出两个新特征:一是全方位的竞争,竞争领域已经超越了传统的经济、军事领域,还扩展到科技、金融、教育、文化等其他领域,而且不同领域之间的竞争会相互转化和影响;二是竞争的激烈程度前所未有,对世界发展格局的影响前所未有。

面对百年未有之大变局,中国比以往任何一个阶段更需要在内政外交和社会经济转型中发挥智库的作用。作为"新思想"的创造者,智库(Think Tank,又称"思想库")为弥合知识与决策之间的鸿沟,发挥着"合纵"与"连横"的作用,是一个国家"软实力"和国际话语权的重要"塑造者"。尤其是在新的历史方位下,中国与世界的关系正在发生深刻变化,中国社会的主要矛盾也在发生转化。这些关乎全局的历史性变化,对党和国家工作提出了许多新要求,也对中国特色新型智库建设提出了新期盼,同时也意味着中国特色新型智库发展迎来了新机遇。

二、智库是桥梁和纽带

中国全面开放的基本内涵是,坚持"引进来"和"走出去"并重,遵循共商、共建、共享原则,加强创新能力开放合作,形成陆海内外联动、东西双向互济的开放新格局,推动全球化朝着普惠共赢的方向发展。这就要求智库进一步在新的开放环境下思考问题,进一步发挥公共外交的作用和功能,尤其是在大国竞争日趋加剧的背景下,政府之间的沟通或将出现障碍。此时,智库之间的跨国合作就显得更加紧迫和必要,智库作为桥梁、纽带、平台的功能与优势就显得尤为重要和突出。智库要引领思想、发出理性先声,着眼于人类共同福祉、构建全球治理体系，也意味着智库被赋予了更多的历史使命和责任。

上海社会科学院作为首批国家高端智库，举办的世界中国学论坛是一个高层次、全方位、开放性的学术交流平台，自 2004 年创设以来，已举办 8 届，成为我国对外学术交流的重要平台之一。自 2010 年起，世界中国学论坛正式由中华人民共和国国务院新闻办公室和上海市人民政府联合主办，上海社会科学院与上海市人民政府新闻办公室共同承办。世界中国学论坛旨在为海内外中国学研究界提供对话渠道和交流平台，反映中国学研究的动态与趋势，鼓励观点创新，推动学派共进，增进中国与世界的相互了解，建设具有世界影响力的中国学学术共同体。从 2015 年起，世界中国学论坛在美国、韩国、德国、阿根廷等地举行海外分论坛。

三、智库是思想库

智库作为思想库发起或参与全球智库议题研讨，发挥着推动政策制定和咨政建言的重要作用。

一是借助"政策群体"和"议题网络"，快速形成共识，推动政策制定。智库通过与政策制定者之间的互动、与媒体大众之间的互动，组织召开各类座谈会、发布会、内部研讨会，举办国际国内论坛将研究成果传播出去，目的在于促使各利益主体达成共识，推动公共政策形成并落地，从而实现智库的公益性价值诉求。在具体方式上，又可分为以下两类。

一类是通过形成"政策群体"，智库与少数对于公共政策有决策权的群体进行接触和互动，客观中立地表达自己的思想、观点和立场，以智力贡献积极参与到全球事务发展、国家关系演变、国内社会经济等众多公共政策制定、评估与转变等活动中，发挥咨政功能。上海社会科学院与中央多个部门建立直接决策咨询服务联系，与民进、民盟、民革等民主党派中央联合举办论坛和经济形势分析会,组织学者参加民主党派大课题调研,建立长期性决策咨询合作机制,为上海社会科学院的研究成果服务国家决策提供了多个传播通道。上海社会科学院设有《国家高端智库专报》《上海新智库专报》《舆情专报》,在引导和促进科研成果向政府决策咨询服务转化方面积极作为,抓亮点、出精品、发声音,为党和政府提供更全面的决策建言。

另一类是通过形成"议题网络",引领学界、公众和媒体参与到相关议题的广泛讨论中,由此形成在公共知识场域内的话语权,运用智库在议题研究中的前瞻性、战略性和全球性的思维方式,发挥智库启发民智的功能。

无论是"政策群体"还是"议题网络",智库不仅要能巧妙地引导公共政策走向,而且要擅于创造议题,转危为机,变"山穷水尽"为"柳暗花明"。自中央批准上海成立自贸试验区之后,上海社会科学院即发起成立上海自贸区研究协调中心,探索政府、高校、社科院协同创新模式,请分管市领导莅临会议,与来自本市各科研院所从事自贸区研究的专家学者进行沟通交流。此外,上海社科院还加强与新华社、《人民日报》、《光明日报》等国内中央主流媒体的合作,连续三年与人民网联合编撰发布上海发展经验报告集。同时,面向驻沪外国主流媒体记者和我国外媒记者,通过学术外宣与外宣学术的结合,柔性传播中国发展理念。

二是专业性议题与时效性议题并举,持续扩大影响力,形成智库核心能力。就智库研究的议题内容而言,大致可以分为两类:一类是智库长期跟踪具有研究积累的专业性议题;另一类是即时发生的时效性议题。智库既要在专业性议题上厚积薄发,也要在处理时效性议题时游刃有余,这就需要跨学科、跨专业的研究团队和灵活多变的应对机制作为支撑。对专业性议题的长期关注和跟踪研究形成的品牌效应,是一家智库区别于其他智库的重要标志;对时效性议题的快速反应则能帮助智库在政策制定者或者媒体面前始终保持较高的"出镜率",这种能力有赖于深厚的专业素养与研究底蕴。因此,专业素养和研究底蕴帮助智库在思想市场上拔得头筹。时效性议题考验着智库应对突发事件的快速反应能力，评论观点的精准性则考验着智库的综合能力。

四、智库是行动者

智库不仅是思想库，还是行动库。在共同价值理念的指引下，智库内嵌于一定的关系网络，推动国内政策实施，参与跨国合作。政治和经济的日益开放，以及科技进步为全球政策网络的发展创造了条件。

首先，从国内政策网络来看，智库是21世纪提升国家治理能力的关键变量。"政策网络"形成的前提是政策参与者之间的互动促成了政策制定，这种互动的背景是：政策制定过程不仅由发挥主导作用的正式制度安排推动，政策网络中的一系列中观层次的问题，即关于政策制定结果、政策网络的结构形态，以及纳入这些网络的个人或团体之间的关系等，都涉及一个国家的非正式制度安排。以智库活动为代表的非正式制度在政策制定过程中发挥着催化与黏合的作用，能将参与决策的各方利益最大限度地考虑在内，为推动公共政策的共同治理提供了可能性。

其次，从国际政策网络来看，智库的跨国合作旨在推动各国政界、学界、业界和社会公众之间的沟通了解与利益认同，促进民意通达、形成利益共同体。各国智库受不同历史文化的影响，加上各国政治体制与经济社会发展阶段的不同，各智库对许多问题的认识理解肯定会有文化烙印。智库之间的合作应秉持平等相待、开放包容、多元互鉴的原则，摒弃一切傲慢与偏见，朝着有助于推动各国共同发展、共享繁荣的方向发展。当然，在大国竞争加剧这样特定的情境下，智库的跨国合作面临更大的难度，这就需要智库有超常的勇气和胆色，真正站在谋求人类共同福祉的高度，寻求超越意识形态，超越眼前利益、局部利益的重大议题，以长远、前瞻、战略的视角去把握智库的跨国合作，促进国家关系的改善。

"上海全球智库论坛"是上海社会科学院的重要全球智库交流平台，由智库研究中心承办，每年邀请国内外重要智库负责人代表及主流媒体参会，为智库在促进全球治理、构建命运共同体中发挥重要作用搭建沟通平台，并通过该平台让世界了解中国。自2014年起，"上海全球智库论坛"已在智库界产生了一定影响力，是上海社会科学院国家高端智库建设的重要品牌活动之一。该论坛已成功举办5届，由上海社会科学院主办，联合国内外重要智库负责人代表及主流媒体，为更好地推动智库公共外交作用的发挥，构建全球智库网络与沟通平台，促进全球治理、增进国内外智库之间的相互了解，为"传递中国声音、讲好中国故事"贡献智慧和力量。历届论坛主题有："智库、公共政策与国家治理能力现代化——思想行动和创新"（2014年），"建设命运共同体：合作、创新与展望"（2016年），"智库建设：全球视野与中国方案——新起点、新阶段、新未来"（2017年），"国际秩序变化与智库高质量发展"（2018年），"中国的新开放与全球智库创新"（2019年）。论坛最终将整编专家观点形成论坛汇编等一系列智库成果，汇集与会专家思想，并通过各类媒体渠道将具有创新性、实践性、进步性的思想和研究成果加以宣传推广。

五、在全球智库合作创新中推动中国智库新发展

中国有句古话，称作"魔高一尺，道高一丈"，问题和智库之间就是"魔"与"道"之间的关系。世界各国的智库都是在积极应对新问题、新困惑中成长起来的，公共问题介入得越深，智库作用发挥得越突出，智库发展得就越好，公共问题就能够更加圆满地解决。当今世界正处于百年未有之大变局，遇到的问题都是全球性问题，没有哪一个国家能独善其身，也没有哪一个国家能单独解决全部的问题，这些问题的解决有赖于全球智库的精诚合作，在合作创新中谋求新一轮的共同发展。

就中国而言，如何在全球智库合作创新中，推动智库的新发展？需要

"请进来"和"走出去"并重：既要推动中国智库"请进来"，开门办智库、开放办智库，通过外部联系、内部沟通，不断提升资源整合能力，把智库合作创新落到实处；也要推动中国智库"走出去"，与国际顶级智库同台竞技，逐步深化国际合作与交流，在全球化时代充分发挥中国智库在"公共外交""知识外交"方面的积极作用。

一是在增进国际交流中，中国智库要积极"走出去"，参加国际论坛，举办国际会议，运用国际通用的方式传达中国声音；中国智库也要善于把智库的国际资源"请进来"，包括国际知名的专家学者，退休的外交家、政治家，以及其他国家年轻的后备骨干等，着力提升我国智库参与和举办各类研讨会、论坛和深入探讨国际议题的经验与能力，持续提升我国智库的国际影响力与话语体系构建能力。上海社会科学院与多个国际知名智库和海外高校保持长期的交流与合作，如英国威尔士大学、爱尔兰都柏林大学、马来西亚策略分析与政策研究所、越南社会科学翰林院、新加坡公共政策管理学院等，合作举办国际会议及专家研讨会等。2018年，上海社会科学院与柬埔寨王家研究院、布鲁金斯学会多哈中心、老挝国家社科院、乌兹别克斯坦发展战略中心、白俄罗斯总统管理学院、日本亚洲经济研究所、埃及开罗大学、阿根廷国际关系理事会等新签或续签近20项合作协议。

二是在加强国际合作中，我们不能满足于礼节性的互访活动，还要进一步增强智库合作的黏性，从短期合作到长期合作，从浅层次合作到深度合作，逐步融入全球政策网络和全球智库网络；通过联合开展项目研究、联合发布研究成果、鼓励人员跨国流动等，推动从研究理念、管理方式到工具和方法的同步更新与相互借鉴。

三是在培育和引进国际人才中，需要借鉴国际一流智库的管理模式，在全球范围内招募智库人才，在智库研究过程中倡导"干中学"，着力培养具有国际视野和国际交流能力的专业化实用人才，多给青年人提供和创造国际交流机会，提升智库的整体发展水平。

四是在扩大国际传播中，中国智库要更新理念、优化流程，坚持国际化经营、国际化研究、国际化交流的理念，加强对外话语体系建设，发挥政府、智库与社会的合力，出版国际化的报刊，建立国际化的网站和移动平台，特别是要借助智库成员广泛的人际关系，以及敏锐而独特的对国际问题与形势的驾驭能力，开展高层次的人际传播与交流，为中国智库的国际化发展拓展空间。

探索和创新中国智库的研究方法

丁元竹①

近年来,智库的发展受到各界的空前重视,各类智库成果在各级党和政府决策咨询中发挥了重要作用。随着智库迅速发展,智库研究方法和智库学科建设被提上议程。

智库研究方法就是决策咨询方法,也就是如何帮助决策者做出科学决策的方法。决策咨询方法具有多发性,同样的政策可以通过不同路径提出,既可以从问题出发,也可以从理论出发,还可以从历史出发。以问题为导向,就要深入问题发生的实地领域开展调查,可以采用社会科学使用的各种实地研究方法,发现问题的来龙去脉,分析问题产生的原因,找到解决问题的办法;通过历史研究,可以解释现实问题或提出对现实问题的历史思考,启发思考问题发生的原因和提出解决的办法。中国历史源远流长,中国是世界上独一无二没有中断自己历史的国家,其经济社会结构的稳定性和延续性非常坚固,文化基因强大。研究中国的现实问题,如果不了解中国悠久的历史,就很难对问题有深刻的理解和把握。

历史上常常出现这样的情况:一个时代的政策措施解决了这个时代面临的问题,到了下一个时代却成为发展难题,因为原有政策的实施环境发生了

---

① 丁元竹,中共中央党校(国家行政学院)社会和生态文明教研部副主任、教授、博士生导师,十三届全国政协委员、全国政协文化文史和学习委员会委员。

变化。例如，20世纪30年代，时任美国总统富兰克林·罗斯福（Franklin D. Roosevelt）推动国会通过了《社会保障法》，这是针对当时美国经济危机采取的一项重大决策，在当时以及后来的一段时间里产生了重要的社会政策效果，但到了乔治·沃克·布什（George Walker Bush）任职时期，小布什就发现，美国的老龄人口增加，现有的养老保险金制度已经难以赡养如此众多的老龄人口，必须对社会保障制度进行改革。

决策不仅要依靠当下的情况对问题进行理解和分析，还要基于深邃的理论分析，不断提高政策的预见性。一个好的政策必须既能解决好当下的问题，又具有长期的预见性。从理论出发的研究既可以通过演绎和构建新的理论，也可以先形成理论框架再在理论框架基础上形成实地研究，还可以用来解释和说明现实问题，形成对策。科学深刻的理论具有非常强的穿透力，这也是历史上一些伟大思想家和伟大理论一直成为我们的思想源泉和给我们启迪的原因。从问题出发的研究可以通过实地调查发现问题的原因，并综合各种因素分析，诸如理论分析、历史借鉴、国际经验借鉴等，找到解决问题的方法。通常，智库或决策咨询是采用综合性分析的研究方法。综合性研究更有利于从不同角度对问题进行分析和提出周全的解决办法，在"会诊"的基础上综合施策，这是决策研究和专门问题研究的区别之一。

针对上述问题，本文拟就当代智库建设及其决策咨询中的科学研究与政策制定的关系、理论阐释与实地研究的关系、作为新的分析手段的大数据研究，以及政策制定中的综合决策等问题谈谈自己的思考，以求教于学界同人。

一、从实求知：研究在先，政策在后

从问题出发开展决策咨询会发现：中国是一个巨型国家，国土面积大，人口众多，存在着城乡差别、区域差别，一些地区发展快，一些地区欠发达，发达地区的政策措施和经验教训有时可以为欠发达地区提供政策借鉴，统一决策和政策是否"一刀切",自古就困扰着中国的政策决策。改革开放40余年,尽管欠发达地区、农村地区经济社会有了长足发展,但城乡之间还是存在差别。截至2018年,全国依然有大约6亿人口生活在农村。这是各部门、各级政府进行决策咨询时不能不考虑的重大问题。考虑地区和城乡差别是中国在推进政策过程中常常使用试点方法的重要原因之一。联产承包责任制首先在安徽施行,得益于当地人民的积极性和主动性,也得益于当地政府的大力支持,后来被党中央推向全国。联产承包责任制在全国的实施也不是随便和简单地照搬,而是各地基于自己的实际情况进行符合自己实际的模式探索。20世纪80年代,乡镇企业在长江三角洲和珠江三角洲异军突起,其基本内涵是发展农业以外的非农产业,推动农民致富。后来出现的一系列的发展模式,诸如,"苏南模式""温州模式""珠江模式"等,都是基于本地实际的发展和创新。

1936年,在伦敦经济学院攻读博士学位的费孝通在《社会研究能有用吗?》短文中,就社会科学研究与政策研究之间的关系进行了初步探索,其理论对于我们今天理解学术研究和决策咨询的关系依然具有启迪意义。他写道,"研究在先,政策在后,研究者不能供给正确详尽的事实,是研究者的不能尽责"。① 1935年,他与他的第一任夫人王同惠受当时的广西省政府委托赴广西大瑶山地区考察瑶族社会组织,研究少数民族的情况,为省政府决策提供咨询。他的阐述实际上明确了科学研究与政策研究、学术研究与智库研究、事实与对策之间的关系。政策研究尽管要体现决策者的价值取向和意志,但是,在做出决策之前,决策者必须研究事情的来龙去脉、实际发展状况,了解事物的客观规律,这是其政策取得预期效果的科学基础,如果决策违背事实和客观规律,任意妄为,其政策不会有成效,甚至可能事与愿违。尽管智库与一般的学术研究机构不同,但智库研究方法与一般的研究机构一样,要研究事实,摸清规律,揭示规律,预测趋势。一般研究机构往往自己设计研究框

---

① 彼特·伯恩斯坦. 繁荣的代价[M]. 北京:中国人民大学出版社,2010.

架，深入实地，获得第一手资料，得到原创性的研究成果，智库也需要这样的研究程序。大部分决策咨询是因为现实中的问题困扰着人们，决策者、公众、企业才去探寻问题的答案和寻求解决问题的办法。当然，也有一些决策咨询是自觉地进行前瞻性研究，为未来发展进行政策储备，例如，美国的一些智库会选择一些未来20~30年的发展趋势问题进行分析。当今世界发展越来越需要这样的政策储备和进行这样的分析。开展预测和设置愿景要求智库放眼未来，至少智库中的一部分人要放眼未来，敢于坐"冷板凳"。

新时代错综复杂的经济社会问题和国际国内形势要求智库成员具备严格的理论基础，具有扎实的学术功底，还要掌握政府相关政策的最新动向，对现实问题有深刻地理解和掌握大量的事实依据，只有具备这些条件，智库机构才能抓住问题的实质，站在全局高度，预见未来的趋势，提出行之有效、既能立足当前又能着眼未来的科学决策咨询和建议。

决策咨询不同于一般的学识研究，它在提出解决问题的办法时需要考虑错综复杂的形势和各个利益群体的态度。决策咨询既要有学术的考虑，还要有政治的考量。"是什么"和"为什么"是智库研究方法的两个基本要素和关键环节。对于决策咨询而言，相比于"是什么"，"怎么办"更为重要，这也是一般社会科学研究和智库研究的分界线。不知道"是什么"和"为什么"，就不能提出正确解决问题之道，知道了"是什么"和"为什么"，也未必能够提出"怎么办"的思路和具体办法。学术研究一般不需要提出"怎么办"，而决策咨询则需要聚焦这一问题。学者、政策制定者、政策执行者一道来探索问题和解决问题，无疑是决策咨询的最佳研究路径。科学的决策咨询一定是通过群体的密切合作来完成的。当前，面对错综复杂的经济社会问题，学术研究不能再靠单枪匹马的个人去"面壁十年图破壁"，必须发挥智库共同体的作用。

智库的研究方法不是单一的，而是多种多样的，这是因为问题的类型和发展是多样的。社会人类学家费孝通在20世纪90年代开展小城镇和边疆地区发展研究时，经常对地方干部说的一句话就是，"我是来学习的"。因为地方在实践中积累了很多经验，实践走在了理论前面。智库建设和创新，必须尊重人民群众的首创精神，激发人民群众的社会活力。中国遇到的各类发展问题，是其他国家和地区所不曾遇到的，具有独特性，很多问题没有理论和经验遵循，必须自己摸索解决方法。当然，有理论指导的实践探索会更加理性。尤其是在一个不确定的时代，更需要发挥理论的穿透作用。无论是理论探索还是实践跟踪，研究者都必须站在时代前列，否则就会被时代抛弃。中国的市场经济体制既借鉴了发达国家和地区的经验，也是基于中国各地的实践探索逐步完善起来的。

在国际经验借鉴中，决策咨询研究、学术研究如同文化传播一样，受到各种因素的影响。以文艺为例，文艺是风格化和个性化的创作，它的传播受到接受、欣赏、评析、传播主体的个性化和风格化的制约。中华民族长期处于自身强大文化和悠久的历史与外来文化的强大冲击中，正如20世纪30年代的美国芝加哥学派创始人罗伯特·帕克所说，中国是一个完成了的文明，它的组成和各个组成部分之间的搭配惟妙惟肖，以至于动一个部分就会影响到整体。这个"完成了的文明"在走向现代化的进程中如何学习与借鉴各国的理论、经验依然是十分重要的问题。既能保持自己的特色，又能借鉴他国经验、吸收他国在发展中的文明，是推动中国特色社会主义现代化的重要手段。我们正处在一个深刻变革的时代，必须学会超越一般的学科研究方法，从历史、文化和哲学的视角来分析政策问题。例如，从文化的视角分析社会将别有收获。深层的社会体制问题隐含在文化价值中，文化精神和文化价值分析也非常必要。

二、使用好理论分析与学理解释的工具

改革开放以来，中国学术界逐步形成了一个传统，就是在开展实地研究

之前必须先设定一个理论分析框架，一是使研究建立在以往理论的基础上，站在一个较高的起点上；二是保持研究的逻辑框架和自圆其说。这是学术研究的基本套路，也是由现阶段学术研究的评价标准决定的。仔细推敲，这种分析方法也存在问题，理论毕竟是以往历史、现实发展的总结，面对新情况、新问题，原有的理论如何解释新东西？这就产生了一个悖论。所以，马克思说，理论是灰色的，实践之树是长青的。理论只有在实践中才能创新。

理论分析、国际经验借鉴等与决策咨询的关系始终是困扰智库建设和决策咨询的重大问题。借鉴什么理论，借鉴哪个国家的经验，如何借鉴？我们认为，尽管各国的国情不同，在各个国家发展环境中产生的理论和经验有其应用的局限性，但是面对现实中的问题，分析其他国家在面对和解决类似问题上的做法和理论时会有启迪作用，甚至会大大拓宽思路，形成更加深刻的认识和分析框架。中国改革开放40余年，借鉴了许多国家的经验并吸取了教训，但始终立足基本国情，走出了中国特色社会主义道路。尽管各个国家的历史和具体情况不同，但是国际经验至少可以为我们提供借鉴，使我们在决策过程中前思后想，尽量少走弯路，或不走弯路。各个国家因其特定的地理、历史、文化以及历史上的偶然事件造成了不同的国情，且发展阶段也不一样，有的进入发达国家行列，有的还处在发展中，学习和借鉴各国经验一定要具体情况具体分析，尤其要对照中国的现实发展情况，这样才会深受启发。

一个国家的体制在自己国家运行得很好，不一定适用于其他国家，因为任何体制的背后都有其生长的制度环境：历史、地理、人文、政治等。制度环境不同，制度的设计和运行状况也会不同，简单照搬可能产生相反的效果。中国社会学恢复初期，费孝通受命恢复和重建社会学，他提出立足中国国情，建立迈向人民的社会学和人类学，这是他基于自身的历史经验选择的。

在理论分析的基础上还可以进一步开展对各个国家的比较研究。研究和借鉴各国经验决不能脱离这些国家发展的阶段性特征。不仅要考虑它们的阶段性特征，还要考虑它们在特定的历史阶段上为什么采取了相应的政策措施。

这样才能真正体现国际经验的效用和借鉴意义。

马克思主义产生于西方资本主义初期，其对人类历史的发展规律进行了探索，中国共产党把马克思主义的普遍真理同中国革命的具体实践相结合，找到了中国革命的道路。这说明，产生于异域的理论不是不能用，而是不能脱离具体实际去用。

中国共产党成立 100 多年，中华人民共和国成立 70 多年，中国经历了社会主义革命、社会主义建设、改革开放，在 21 世纪成为世界第二大经济体，一个有着 14 亿人口的国家找到了自己的发展道路。在这条道路上，中国人民深刻理解了"中国特色"的寓意，这个特色扎根于中国固有的历史文化、地理环境、政治发展、时代背景中。尽管如此，中国依然要学习和借鉴世界上其他国家和地区的经验，因为世界在发展、各国在进步，总会有一些新的东西对我们有启发，我们既要学习发达国家的经验，吸取其他国家的教训，也要从自己的发展中总结经验和教训。中华民族要实现伟大复兴，就必须不断学习，不断借鉴。发展永无止境，创新永无止境，学习永无止境。知识创新和理论创新成为中国知识界的历史使命，不管人们是否意识到，我们都需要创新思维方式，改变原有的决策咨询的研究习惯，探索新的智库建设道路。

三、探索大数据研究方法在决策咨询中的应用

大数据研究方法正在成为与参与观察、问卷调查并列的社会科学的重要研究方法。使用这种方法的基本依据是：由社会成员在网络上产生的信息已经成为经济社会活动的重要内容，成为经济社会发展的重要推动力。在网络环境下，社会形成各种网络社区，人们通过网络社区参与公共生活，讨论需要解决的问题，寻求解决问题的良策。移动平台可汇集各类观点和建议，大大提升了治理能力和水平。政府平台、企业平台和各类组织的微信，群体之间的"朋友圈"正在或已经代替以往人们习惯的传播方式和路径，改变了人

们的行为方式、合作方式,也改变了传统的公共空间、社会空间,乃至社会关系模式,形成新的社会关系模式。电子商务留下的大量信息为大数据和云计算奠定了基础。人工智能领域又出现了一系列新的热点,诸如,信息推荐、自动驾驶、虚拟现实等,这都将对人的行为研究带来新的挑战。在线成为一种基本的社会形态。移动互联已经把人们连接成为一个网上社会,数十亿人在网上活动会留下大量的痕迹,包括消费、通话、微信、微博,以及微信中的表情都可以进行数据分析。一个网民经常访问的网络内容,实际上是他(她)最关心的问题,对于他(她)最关心的问题进行精准分析,就可以掌握他的选择和意愿。以往我们是通过问卷访谈,或者纸质问卷填写,或者电话访谈进行分析。现在,大数据正在成为一种政治工具和社会工具。而且,对于网络痕迹的分析可能比问卷调查更真实,因为网络痕迹是被调查对象的真实行为和真实心态,而问卷调查可能受到人为因素的影响。面对提问,被访者的回答可能是真实的,也可能不是真实的。因为,一个人的"我"通常是有三个:说得出来的我、说不出来的我、不想说出来的我。问卷是很难分辨出回答者到底说出的是哪个"我"。社会的基本特点就是由作为个体的人组成的社会网络,互联网使这种网络结构更加"网络化"。"网"的出现是创造新的社会关系模式的一次重要机遇。

本文认为信息化造就了新的社会关系模式和新的公共领域,是基于以下认识。一是使用互联网的人口已经占到世界总人口的一半。我国的移动互联网用户已经超过了70%,大数据、云计算等技术使研究这个70%以上的人口结构和社会结构成为可能,研究这些人口的互动方式、生活方式、工作方式等在技术上已经不成问题。过去是通过参与观察、问卷调查和统计数据来完成,现在可以通过网络进行研究。数据平台可以通过大数据与云计算对这些痕迹和在线行为进行分析,问题的关键是要确保企业和个人的隐私。用大数据研究人类行为必须解决好企业、个人信息保护等一系列法律法规问题,需要通过立法等工作来加以完善。二是互联网改变了当代社会结构。它在不同的年龄段会有不同的意义，年青一代更喜欢虚拟现实，或者对他们来说网络世界就是一个真实的世界，因为他们生于斯，移动互联给他们的感觉和给他们父母一辈的感觉完全不一样。

当今时代正处于百年未有之大变局，理解这个百年未有之大变局不仅需要智慧，还需要知识。数据思维将是新时代认识社会进步和经济发展的基本思维方式，缺乏这样的思维方式将无法准确把握世界。事实上，隐藏在互联网背后的数据基本上为非干预数据，具有更大的真实性。面对复杂的、海量的在线数据，通过统计物理、人工智能、数理统计、机器学习来获取和分析这些数据，会使社会行为的分析更加量化和客观。这种分析范式会成为个案分析、问卷调查之后新的研究范式。在在线数据背后观察人类行为会更加准确，只是我们将面临研究伦理和相关法律问题。互联网和人工智能在未来的几十年将给人类社会带来巨大影响和不可逆转的改变，这已经成为共识。对于智库而言，这将是一场深刻的革命。智库研究方法必定会涉及大数据和人工智能的应用，因此需要提早谋划、提早布局，除了考虑技术问题，还要考虑它们带来的社会问题和伦理问题。

四、综合决策是智库研究方法的基本特征

智库可以综合各个领域的原创性研究成果，进行决策咨询研究。一般情况下，各个智库的研究人员要根据其他研究机构和各种学科不同角度的分析对同一问题开展综合研究，在更高、更深、更全面的基础上把握事实真相，智库的研究具有宏观性、综合性、概括性。当然，宏观性、综合性、概括性并不意味着智库的研究不能聚焦某一问题，对其进行深入、专题性的研究。大多数情况下，智库不能仅仅依靠其他部门的研究成果进行决策，而是必须深入实地、针对问题开展实地研究，找到能够提供决策咨询的依据，在此基础上，再参考各个专门领域的研究成果，进行综合分析，这样才能够做到心

中有数。与学术研究一样,在进行决策之前,智库必须秉承实事求是的态度,不带有任何倾向性和价值判断,这是科学决策的前提。

智库必须处理好概括性研究、宏观性研究与实践研究感受的关系。概括性研究与宏观性研究通常帮助决策研究者把握一般情况和面上状况,实践研究则可以找到问题的感觉,进行深层次的体制机制分析,发现原因和规律,尤其对体制机制性问题的把握,实践研究更具优势。宏观性研究与实践研究相互结合方能对事情的本来面目进行全面分析和描述。政策决策就是要在把握事物本身的规律和掌握事实的基础上,按照决策者或决策者代表的群体意志制定政策。

20世纪80年代,费孝通在苏南开展小城镇问题研究时就发现单靠一个学科不太容易做出全面的结论,"实事求是的科学研究不等于消除了可能的片面性,每一门学科的研究,其片面性都是不可避免的。越是专家,其片面性或许会越大"①。费孝通在与江苏省合作开展小城镇研究的过程中,邀请了经济学、社会学、地理学等多个领域的学者参与调查研究。人们越来越感觉到,中国社会发展中的一系列重大问题不是通过社会学一个学科就能解决的,全面推进社会建设,需要多学科合作。"为了不使决策陷入片面性,在决策和科研之间应当有一个中间环节。这个中间环节就是综合各个学科对某一事物的认识,进行'会诊',然后才向决策机构提出若干建议及论证。"② 在各类决策咨询中,经济问题无疑是发展中的核心问题,许多经济问题往往不是经济领域本身的问题,而是公共治理问题或社会问题,或是诸多问题造成的问题,不是仅仅通过经济决策就可以解决的,而是必须进行综合决策。

综合性研究还要求在经济社会政策研究过程中把试点探索与理论分析有机结合起来,既考虑问题导向,又考虑体制机制的深入探索,尤其考虑在解决问题的同时把相应的制度建立起来。"摸着石头过河"实际上是一种政策导

---

① 费孝通. 费孝通文集(第九卷)[M]. 北京:群言出版社,1999.
② 费孝通. 费孝通文集(第九卷)[M]. 北京:群言出版社,1999.

向的治理思路,即坚持问题导向,遇到问题解决问题,而不是把制度设计放在优先位置。这种方法虽短期解决了问题,但长期可能不利于问题的持续解决。对于这个问题,邓小平同志早就有所考虑,他在1992年发表的"南方谈话"中提到了这个问题,要求大约用30年的时间使各项制度更加成熟、更加定型,以保证中国特色社会主义现代化持续稳定地向前推进。党的十八届三中全会提出全面深化改革的总目标是发展和完善中国特色社会主义制度,推进国家治理体系和治理能力现代化。这把制度建设问题提上了议事日程。面对国际、国内错综复杂的形势,摆在智库面前的一项重要任务就是研究如何使制度更适合现阶段的国际、国内形势和发展要求,以保障中国长期发展的制度尽快和基本定型。当前和今后一个时期,智库的重要任务是研究如何在深入了解中国国情的基础上,结合人类社会发展的规律来推动中国特色社会主义制度建设,推动常态化的现代国家建设。

五、结语

中国面临着国际、国内各项挑战,担负着民族复兴的伟大任务,它比任何一个时代都需要加强决策咨询工作,因此,要把智库建设问题摆在重要位置。中国特色的智库学科建设是一个在继承中发展,在发展中创新的过程。从百年前开启的探索中国前途和命运的学术探索和实践求索,中国学术就深深地打上了"经世致用"的烙印。所以,在中国,学术研究和决策咨询都有着源远流长的历史脉络。中国的智库建设走在一条充满挑战的道路上。在这个过程中,如何对待外来的文化和学术,以及如何对待我们自己的文化遗产,争论从来没有停止过。

把战略思维和具体问题解决之道有机结合起来,是当代中国的智库发展需要做好的一项基本功,要坚决摒弃"头痛医头,脚痛医脚"的决策咨询模式,着眼国家长远发展,保持定力。中国人口规模巨大、环境生态容量有限,尤其是面对过去 40 多年的发展过程中带来的巨大环境压力，中国不仅要面对现实问题拿出对策，更要考虑民族的永续发展而从长计议进行制度设计。一个具有理论思维习惯的民族处理问题会更加缜密、更加深远；一个注重制度建设和制度设计的民族会更有持续稳定的未来。

参考文献

［1］默里·罗斯巴德. 美国大萧条［M］. 谢华育，译. 上海：上海人民出版社，2009.

［2］龙多·卡梅伦，拉里·尼尔. 世界经济简史［M］. 潘宁，等译. 上海：上海译文出版社，2009.

［3］理查德·C. 博克斯. 公民治理——引领 21 世纪的美国社区［M］. 孙柏瑛，等译. 北京：中国人民大学出版社，2005.

［4］本特·格雷夫. 比较福利制度——变革时期的斯堪的纳维亚模式［M］. 许耀桐，等译. 重庆：重庆出版集团，2006.

［5］理查德·D. 宾厄姆. 美国地方政府的管理——实践中的公共行政［M］. 北京：北京大学出版社，1997.

［6］费孝通. 费孝通文集（第九卷）［M］. 北京：群言出版社，1999.

［7］亨利·黑兹利特. 一课经济学［M］. 蒲定东，译. 北京：中信出版社，2008.

［8］罗伯特·耐尔·海尔布伦纳. 经济学的秘密［M］. 海口：海南出版社，2001.

［9］吴敬琏. 当代中国经济改革［M］. 上海：上海远东出版社，2005.

［10］张平，彭森，杜鹰. 中国改革开放：1978—2008［M］. 北京：人民出版社，2009.

［11］凯蒂·加德纳，大卫·刘易斯. 人类学、发展与后现代挑战［M］. 张有春，译. 北京：中国人民大学出版社，2009.

［12］LESTER M SALAMON, EDITOR. The Tools of Government：A Guide to the New Governance［M］. New York：Oxford University Press，2002.

智库公共外交：国家意识形态权力的
概念功能与机制模式①

王莉丽②

当前，世界经济发达国家与经济新兴国家都高度重视智库和公共外交的建设与发展，智库与公共外交作为一个国家"第二外交通道"和"软实力"构建的重要途径，被赋予了国家形象、全球治理、意识形态各方面极为重要的使命和意义。

20余年来，智库在全球范围内迎来了一次前所未有的大发展，智库研究也已成为一门重要的跨学科显学。涉足这一领域的学者主要来自政治学、传播学和公共管理学领域。"公共外交"作为一个专业术语由美国塔夫茨大学教授埃德蒙德·古利恩在1965年首次提出，是指那些在外交政策形成和执行上影响公众态度的做法。这一跨学科研究领域的理论支撑图谱主要建立在传播学和国际关系学两大学科之上。传统公共外交理论认为，公共外交是以政府为行动主体，以国外公众为目标受众的外交行为。随着世界政治格局和国际秩序的深刻变化、信息传播技术的快速发展、舆论的不断多元化和后真相时代的来临，传统公共外交已无法适应国际关系的需要。当今世界进入多元公

---

① 基金项目：国家社科基金重点项目"全球主要智库的作用及对我国的启示研究"（项目批准号：18AGJ011）。
② 王莉丽，中国人民大学国家发展与战略研究院副院长、新闻学院教授。

共外交时代，政府、智库、媒体、企业和普通公众等多元化的行动主体，共同构成了当今活跃在世界外交舞台的多元公共外交体系。智库作为国家权力体系中的意识形态权力，因其相对独立性和专家地位，在公共外交中发挥着不可替代的重要作用。

自 2009 年以来，随着中国政府对智库建设与公共外交的日益重视，"智库公共外交"这个词汇迅速进入了公众视野。探讨"智库公共外交"的论文和评论文章也不断见诸报刊。然而，对"智库公共外交"进行深入学术探讨和理论分析的文章，在笔者的视野范围之内还非常少。本文对"智库公共外交"做出概念界定，分析其功能作用及发挥作用的机制与传播模式。

一、研究现状

对于"智库公共外交"，学界明确将其作为一个研究领域进行系统研究的还非常少。从国际学界来看，学者对智库的舆论影响和政策制定作用都有研究，但是迄今为止还未有学者提出"智库公共外交"的概念和理论体系。对于智库在外交政策制定和公共外交中所发挥的重要作用与扮演的角色，不少研究成果有所涉足，但其观点存在一定分歧。大部分学者对智库的权力持肯定和积极态度，也有学者对此提出了质疑。

持有肯定和积极态度的学者认为，在政策制定过程中，智库在国家权力机构中发挥中心、协调作用，致力于在国家精英集团、大众传媒、利益集团和政治领导者之间寻找契合点。[①] 有学者指出，智库与其专家在外交政策制定中是思想的掮客，是信息传播者和政策倡导者。[②] 也有智库学者认为，智库在预防性外交和冲突解决中扮演着重要角色，为调解和解决冲突提供非官方努

[①] 托马斯·R. 戴伊. 自上而下的政策制定 [M]. 吴忧, 译. 北京: 中国人民大学出版社, 2002.
[②] JAMES SMITH. Idea Brokers: Think Tanks and the Rise of the New Policy Elite [M]. New York: The Free Press, 1991; DONALD ABELSON. Do Think tanks Matter? Assessing the Impact of Public Policy Institute [M]. Toronto: McGill-Queen's University Press, 2002.

力。智库帮助政府对复杂的国际问题做出决策。① 智库是独立于立法、行政、司法之外的第四种权力。② 霍华德认为，美国的智库通过与政党、利益集团相结合，成为新政策理念的来源和政治议程的设计师。③ 还有学者认为，在政策议程的形成中，智库发挥的是软实力，对决策者的思想产生影响。④ 持有质疑态度的学者研究指出，尽管智库是积极的政策参与者，但其对政府政策制定的影响比较微弱。⑤ 龙吉尼认为，意大利外交政策智库依托于政治体系，也严重受其限制，政府决策人员对智库的研究成果接受度很低。⑥ 还有一部分学者从批判的视角对智库的作用进行分析，唐纳德·阿贝尔森探讨了19世纪末至20世纪初北美和欧洲外交智库的演变与转型，认为这些智库表面上从事政策研究，但在某种程度上却已经成为政治宣传的工具。⑦ 戴安·斯通认为，像美国传统基金会这样的一些智库的研究结果是可预测的，这种可预测性源于一套保守主义原则和固有的意识形态。⑧

在中国学界，虽然从整体上看关于"智库公共外交"的研究文献很少，但是已有少量学者开始对这一领域进行理论研究。业界和学界普遍高度认可智库在全球治理和外交中的影响力。2012年，《现代国际关系》杂志发表的《美国公共外交中智库的功能与角色》一文，从公共外交的视角探讨了智库的

---

① 王莉丽. 旋转门：美国思想库研究 [M]. 北京：国家行政学院出版社，2011.
② PAUL DICKSON. Think Tanks [M]. New York：Athenaeum，1971.
③ HOWARD WIARDA. Think tanks and foreign policy in a globalized world：New ideas, new tanks, new directions [J]. International journal，2015，70（4）：517-525.
④ 库必来·阿林. 新保守主义智库与美国外交政策 [M]. 王成至，译. 上海：上海社会科学出版社，2017.
⑤ FRAUSSEN BERT，HALPIN DARREN. Think tanks and strategic policy-making：The contribution of think tanks to policy advisory systems [J]. Policy sciences，2017，50（1）：105-124.
⑥ ANNA LONGHINI. Foreign policy think tanks in the Italian political context：Evolutions and perspectives [J]. International Journal，2015，70（4）：573-592.
⑦ DONALDE ABELSON. Old world, new world：The evolution and influence of foreign affairs think-tanks [J]. International affairs，2014，90（1）：125-142.
⑧ 库必来·阿林. 新保守主义智库与美国外交政策 [M]. 王成至，译. 上海：上海社会科学出版社，2017.

功能与角色。① 该文指出，美国智库在公共外交中发挥着开展"二轨"外交、提供政策建议与智力支持，以及构建政策理念与价值观传播网络的巨大作用。2013年，《公共外交季刊》就"智库与公共外交"专题组织了6篇文章，对智库在公共外交中的角色和作用、中国智库的公共外交功能以及智库外交的案例等进行了分析。有学者指出，在公共外交的"多轨道"体系中，智库所从事的第二轨道外交活动不但与政府外交相辅相成、互为补充，而且智库外交是整个公共外交体系的智力和信息中枢，是"多轨"外交行动主体的"舆论领袖"。中国应重点扶持一批公共外交专业智库。② 还有学者认为，智库可成为公共外交的灵魂工程师，可以通过影响政策、塑造舆论、培养人才三方面为公共外交发挥作用。③ 正在建设性参与国际体系的中国，需要智库发挥更大的公共外交作用。以美国为代表的西方智库已经将功能扩展到参与预防性外交、敏感问题磋商、冲突处理与争端解决中，不断提出和应用新思想，推动协商沟通，充当外交政策的助推器，承担公共外交实践者的使命责任。④ 还有学者以南海争端为切入口分析智库在维护国家利益、树立国家形象等方面起到的说服作用。⑤ 2014年至今，"智库公共外交"逐渐成为中国政府和智库业界在外交实践领域中的重要内容，一些学者发表论文探讨了专业智库在公共外交中的作用。有学者着重分析了民间智库如何参与公共外交。⑥ 有学者着重分析了媒体智库的公共外交效应。⑦ 还有学者认为高校智库是公共外交的重要主体，是人才精英的聚集地和政治舞台的展示地，具有舆论场域的吸附力

---

① 王莉丽. 美国公共外交中智库的功能与角色 [J]. 现代国际关系，2012（1）：39-42.
② 王莉丽. 中国智库建设与公共外交拓展 [J]. 公共外交季刊，2013（3）：27-32.
③ 王义桅. 公共外交需要智库支撑 [J]. 公共外交季刊，2013（3）：10-14.
④ 陶坚，单娟. 公共外交呼唤中国智库提升能力 [J]. 公共外交季刊，2013（3）：15-20.
⑤ 聂书江. 南海争端视角下我国智库公共外交的创新发展 [J]. 对外传播，2016（11）：26-30.
⑥ 赵新利，于凡. 民间智库如何开展公共外交：以察哈尔学会的实践为例 [J]. 对外传播，2016（5）：19-21.
⑦ 黄超. 中央媒体智库建设与公共外交：现状与愿景 [J]. 公共外交季刊，2015（2）：96-103.

和决策角色的权威力等独特优势。①

总体而言，近几年"智库公共外交"的理论研究并未有大的进展。"智库公共外交"理论的滞后从某种程度上限制并影响了智库在公共外交实践领域更好地发挥作用。

二、智库公共外交：概念与功能作用

对"智库公共外交"进行系统理论研究的前提是对这一概念和领域进行学术界定，但因"智库"与"公共外交"作为两个专业词汇和不同的研究领域，学界对其概念的界定也存在着不同的认知。因此，在界定"智库公共外交"之前，本文首先来分析界定一下"智库"与"公共外交"。

（一）"智库"与"公共外交"的概念理解

智库也称"思想库"，最早出现在"二战"时期的美国，是指战争期间美军用来讨论作战计划的保密室。后来泛指一切以政策研究为己任，以影响公共政策和舆论为目的的政策研究机构。② 关于智库研究的理论渊源，可以追溯到古希腊亚里士多德关于"知识与权力"的论述和马克斯·韦伯关于"学术志业"与"政治志业"思想。③ 自20世纪70年代以来，从事智库研究的学者主要集中在欧美国家。近十年来，随着智库成为一种全球现象，智库研究也逐渐扩散到世界各国学界，其中中国学界的智库研究已经具有重要话语权。对于"智库"这一概念，因其发展根植于各国不同的政治、经济、文化土壤，各国学者概念界定的分歧主要在于，智库在机构属性上是政府组织还是非政

---

① 刘峰．我国高校智库公共外交功能的建设路径思考［J］．高校教育管理，2017（5）：75-80．
② 王莉丽．旋转门：美国思想库研究［M］．北京：国家行政学院出版社，2010．
③ 亚里士多德．政治学［M］．吴寿彭，译．北京：商务印书馆，1983；马克斯·韦伯．学术与政治［M］．钱永祥，等译．桂林：广西师范大学出版社，2004．

府组织,是非党派还是与党派有一定关联。美国学者普遍认为智库必须是非政府、非党派组织,欧洲、亚洲学者对此的理解和界定比较宽泛。安德鲁·瑞奇认为,所谓智库,就是指独立的、不以利益为基础的非营利组织,他们提供专业知识和建议,并以此获得支持和影响决策过程。① 肯特·威佛指出,智库是指非营利的公共政策研究产业。② 詹姆斯·史密斯认为,智库是指运作于正式的政治进程边缘的、非营利的私立研究机构。③ 唐纳德·阿贝尔森界定智库是非营利、非党派的研究机构。④ 中国学界对智库的定义也有很多,主要可以划分为两种:一是延续国外学者关于智库概念的界定,强调智库是独立于政府之外的非营利性研究机构;二是侧重于智库的现实属性与社会职能,强调智库的核心目标是影响公共政策。⑤ 薛澜指出,智库主要指以影响公共政策为宗旨的政策研究机构,智库通过公开发表研究成果或其他与政策制定者有效沟通的方式来影响政策制定。⑥ 孙哲认为,智库特指针对各种内政外交政策问题,由学有专精的学者组成的决策服务团体和咨询机构。⑦ 基于已有的研究,根据智库国际比较研究的需要,本文对智库的定义是:诞生在特定的政治、经济、文化土壤中的,服务于国家利益和公共利益,以影响公共政策和舆论为目的的非营利性政策研究机构。⑧

公共外交研究的重镇也在欧美国家,尤以美国学者为主。作为一个术语,

---

① ANDREW RICH. Think Tanks, Public Policy and the Politics of Expertise [M]. New York: Cambridge University Press, 2004.

② KENT WEAVER. The changing world of think tanks [J]. Political science and politics, 1989, 22 (3): 563.

③ JAMES SMITH. Idea Brokers: Think Tanks and the Rise of the New Policy Elite [M]. New York: The Free Press, 1991.

④ DONALD ABELSON. American Think Tanks and Their Role In U.S. Foreign Policy [M]. London: MacMillan Press LTD, 1996.

⑤ 任恒. 国内智库研究的知识图谱:现状、热点及趋势:基于CSSCI期刊(1998—2016)的文献计量分析 [J]. 情报科学, 2018 (9): 159-166.

⑥ 薛澜. 思想库的中国实践 [J]. 瞭望, 2009 (4): 21-22.

⑦ 孙哲. 中国外交思想库:参与决策的角色分析 [J]. 复旦学报(社会科学版), 2004 (4): 98-104.

⑧ 王莉丽. 智力资本:中国智库核心竞争力 [M]. 北京:中国人民大学出版社, 2015.

"公共外交"首次出现是在 1965 年。当时主要指美国新闻署所从事的非传统外交活动，如信息及教育文化交流活动等。美国国务院把公共外交定义为，由政府发起的、意在引导或影响其他国家公众舆论的项目，其目的是提高美国在国外公众中的形象和影响力。[①] 汉斯·塔奇提出，公共外交是由政府开展的与外国公众交流的努力。[②] 在英国，学者通常将公共外交称为"文化外交"，认为一国政府所从事的对外文化交流就是公共外交。其目的是塑造良好形象，以获取国外舆论的理解和支持。日本对公共外交的定义：在国际社会提高本国的存在感，提升本国形象，加深外界对本国理解。[③] 印度学界认为，公共外交包含的内容非常广泛，既是为了赢得拥护，也是劝说别人，在不同形式的非政府人士的支持下影响外交事务。[④] 中国学者认为，公共外交是一国政府通过对外信息传播和对外文化交流等方式，对他国民众进行说明说服工作。[⑤] 以上对"公共外交"概念的界定，基本上都遵循着以政府为公共外交主体进行公共外交活动的思路。随着全球化的不断推进和媒介技术的飞速发展，以及全球范围内民主政治的发展和公众舆论影响力重要性的不断增强，公共外交的主体不再局限于政府，新公共外交应运而生。在中国知识界，赵启正是新公共外交的大力支持者和推动者。他认为，公共外交的主体包括政府、社会精英和普通公众三个方面。[⑥] 在目前已有研究成果的基础上，本文认为公共外交是指在一国政府主导和政策支持下，通过以智库、媒体、企业等为主的多元化的行动主体，以政治、经济、文化、军事为传播内容，通过人际交流、广播、电视、电影、网络、报刊、书籍等全方位的传播媒介，以国

[①] 唐小松，王义桅. 美国公共外交研究的兴起及其对美国对外政策的反思 [J]. 世界经济与政治，2003（4）：27-34.

[②] HANS TUCH. Communicating with the World：U. S. Public Diplomacy Overseas [M]. New York：St. Martin's Press，1990.

[③] 赵启正. 公共外交和跨文化交流·新媒体与社会 [J]. 新媒体与社会，2014（5）：56-65.

[④] KISHAN RANA. Bilateral diplomacy [J]. New Delhi：Manas Publications，2002（4）：24.

[⑤] 唐小松. 中国公共外交的发展及其体系构建 [J]. 现代国际关系，2006（2）：42-46.

[⑥] 赵启正. 公共外交与跨文化交流 [M]. 北京：中国人民大学出版社，2011.

外公众为目标受众进行的信息传播与文化交流活动。①

(二) "智库公共外交"的概念与功能作用

结合本文对"智库"以及"公共外交"的概念分析，公共外交是一个系统，在这个系统中存在着多元化的行动主体。其中，智库是思想源泉和较强公信力的行为主体，这使其所从事的公共外交活动对于舆论的形成、传播和受众说服都有特殊的作用。② 基于以上分析，本文对"智库公共外交"的概念和功能界定如下。

智库作为一种积极的公共外交行动主体、传播媒介和目标受众的"三位一体"角色，以高水平的政策专家和其创新的思想成果为基础，以国外智库和各界公众为目标受众，运用人际传播、组织传播、大众传播、网络传播等各种传播媒介，以融合传播的方式，传播思想成果、开展思想对话与交流，从而影响他国公共政策制定和公众舆论。"智库公共外交"的核心是思想的双向对称交流和舆论的传播，"智库公共外交"的作用是加深理解、增进互信、促进和平。"智库公共外交"的根本目的是在国际舆论空间构建和提升本国意识形态权力。

具体而言，"智库公共外交"的功能可以分为以下两大层面。

第一，影响舆论，在国际舆论空间提升国家意识形态权力。在知识经济时代，世界各国的竞争除了经济、军事等硬实力外，更重要的是以思想创新为核心的软实力之争，更进一步说，就是意识形态权力之争。一个国家在国际上是否受其他国家的公众欢迎，取决于其所传递的思想和价值观以及其所采取的传播策略。智库作为国家意识形态权力的重要组成部分，以其专业政策研究、非营利性、客观、中立的身份更容易被各国受众所信任，"智库公共外

---

① 王莉丽. 公共外交：多元理论与舆论战略研究 [M]. 北京：中国社会科学出版社，2018.
② 王莉丽. 多元公共外交理论框架的建构 [J]. 中国人民大学学报，2018 (2)：116-123.

交"影响力的发挥主要是通过专家知识与舆论力量的充分结合影响他国舆论。

"智库公共外交"中对舆论的影响，具体可分为设置舆论议程与引导舆论走向两个层次，这两个层次的实现都建立在智库具有优秀的政策专家和创新思想的基础上。就设置舆论议程而言，智库可以把一个创新的观点、思想介绍给国际受众，或者把一些原本受到忽视的问题提出来。"智库公共外交"要实现这一影响力可以通过在国外智库发表演讲、组织会议交流，在国外媒体发表文章、接受采访，或者直接通过自媒体平台和社交媒体等多元化的融媒体传播方式来实现。就引导舆论走向而言，"智库公共外交"需要有针对性地设计传播媒介和模式，针对特定的受众群体进行舆论引导。

第二，加强理解、增进互信，提出思想建议、助推政府外交。在智库公共外交中，智库作为政府外交的有益补充，或者作为当政府外交处于僵局时的替代者，通过组织对敏感问题的对话，为双方政府提出政策建议，来扮演积极助推政府外交的角色，从而有效加深双方之间的理解与互信。

以中美关系为例。自2018年7月中美发生贸易摩擦以来，中美政府外交一度处于紧张状态。2018年8月至9月中旬，中国多家智库与美国智库开展了思想交流与对话。中国人民大学重阳金融研究院更是直接到访美国，与多家美国智库共同主办了中美智库贸易系列对话会。两国智库专家和前政府官员就中美贸易摩擦和中美关系等一系列议题进行了深入探讨。在这些系列智库对话中，参加者除了有两国相关研究领域的资深智库专家外，还有很多前任政府官员，如全国人大外事委员会副主任委员傅莹、财政部前副部长朱光耀、外交部前副部长何亚非，美国布鲁金斯学会总裁约翰·艾伦、美国前国防部部长威廉·科恩等。这种"智库公共外交"的方式，相比政府外交，氛围更为宽松，双方不受特定谈判指标限制，双方对话人员可以就问题进行更为深入的探讨，尤其是在两国政府外交陷入僵局的情况下，智库对话的专业性、灵活性和深度性为双方政府进一步寻找到合作和对话的空间提供了一种可能性。即使两国智库间的对话不能解决问题，也可以有效地防止双方的误解进一步加深，为官方外交提供解决问题的思路，缓和冲突的紧张气氛，为政府外交做好铺垫。当然，我们也不能过分夸大智库外交的作用，尤其是在政府外交处于僵局的情况下，公共外交毕竟只是政府外交的有益补充。

三、"智库公共外交"的影响力机制与传播模式

智库作为一种公共政策研究机构，在国际关系和外交政策制定中不具有行政权力。"智库公共外交"的主要内容是思想，其形式是思想的传播和交流。与传统的权力政治不同，"智库公共外交"发挥作用的机制是运用舆论的力量来实现意识形态权力的作用。舆论是一种社会意识和社会存在的反映，社会生活中的各个领域和问题投射于抽象的思维，形成关于政治、经济、文化、道德等不同强度和类型的舆论。智库正是通过各种传播模式和媒介影响一国舆论，塑造公众的认知框架、影响其态度和行为。

（一）"智库公共外交"影响力实现机制

"智库公共外交"发挥舆论影响力的机制可以从两方面来阐释：一是以迈克尔·曼的国家权力理论为分析框架，明确智库在国家权力系统中的角色定位；二是运用传播学相关理论、公信力理论、公共政策舆论场为理论框架，分析智库作为一种舆论力量在公共政策舆论场中所发挥的影响力。

第一，"智库公共外交"作为一种意识形态权力实践行为，通过思想的创新与信息的传播，弥散到政治、经济、军事权力中，从而在国家权力框架中发挥重要作用。

社会历史学家迈克尔·曼在其《社会权力的来源》一书中提出了人类社会权力关系的理论模型。他认为，国家权力由经济权力、军事权力、意识形态权力和政治权力构成，这四种权力构成交叠的社会互动网络。其中，每种

权力都贯穿着弥散性的意识形态权力。① 马克斯·韦伯曾一针见血地指出，虽然直接影响人行为的因素不是观念，而是物质和精神的利益，但是观念造就的对世界的认识往往像扳道工一样起到确定方向的作用，使被利益驱动的行动沿着这个方向行进。② 意识形态存在于社会结构中，产生于社会机构所从事的实践行为中。③ 世界不仅是客观存在，而且是观念化的建构，对于世界的认知，取决于观念的创造、信息的传播和框架建构。智库作为一种知识密集型组织，其核心角色就是知识的储备、思想的创新和传播，因此，智库本身就是国家意识形态权力的重要构成部分，是一国意识形态权力的创新源泉和发动机。从这个意义上讲，"智库公共外交"所能产生的作用，实际上是对一国意识形态权力的直接影响，而意识形态权力又是一种弥散在政治、经济、军事中的权力网络。因此，智库从一个独立于政府之外，不具有行政权力的政策研究机构，成为一个对内政外交政策具有重大影响力的权力机构。

对于智库的意识形态权力，西方学者对此也毫不隐讳。哈特维希·波伊茨指出，智库是根植于公民社会的一种意识形态机器。④ 乔治娜·穆雷和道格拉斯·帕切科认为，智库在维系发达资本主义国家运转上发挥了"看门人"的作用，这部分归因于其能够在文化、道德、伦理和知识领域使其话语合法化。⑤ 更有学者一针见血地指出，智库帮助建立和维护统治阶级的意识形态。⑥ 以中美关系为例，自1978年中美建交至今，美国对华关系每一次大的战略调整，其背后都是以美国智库为首的战略界进行思想大讨论和舆论的传

---

① 迈克尔·曼. 社会权力的来源[M]. 刘北成，李少军，译. 上海：上海人民出版社，2015.
② 朱迪斯·戈尔斯坦，罗伯特·基欧汉. 观念与外交政策：信念、制度与政治变迁[M]. 刘东国，于军，译. 北京：北京大学出版社，2005.
③ 斯蒂芬·李特约翰. 人类传播理论[M]. 史安斌，译. 北京：清华大学出版社，2004.
④ 唐磊. 当代智库的知识生产[M]. 北京：中国社会科学出版社，2015.
⑤ BLANKRC. From Thatcher to the Third Way. Think-tanks, Intellectuals and the Blair Project[M]. Stuttgart：Ibidem，2003；DESAI R. Second hand dealers in ideas：Think-tanks and thatcherism hegemony[J]. New left review，1994，3（1）：27-64.
⑥ 库必来·阿林. 新保守主义智库与美国外交政策[M]. 王成至，译. 上海：上海社会科学出版社，2017.

播，在全社会形成一定的舆论声势、影响了舆论的方向，最终在此基础上形成了美国对华政策的框架和具体政策。对此，美国智库界著名的中国通——杰弗里·贝德曾坦言，美国的对华政策，从来都不是为了帮助中国，而是符合美国利益。① 这是智库意识形态权力的直接体现。

第二，"智库公共外交"影响力实现的机制之二在于，智库作为具有较强公信力的知识密集型组织，对目标受众具有较强的影响力。另外，因其在一国"公共政策舆论场"中普遍居于舆论领袖、舆论生产者与传播者的"舆论聚散核心"地位，是思想形成、辐射、传播、交互的中心。

从理论支撑上来看，"智库公共外交"能够发挥作用的理论认知建立在建构主义理论和精英理论基础上。建构主义国际关系理论强调观念的作用，从某种角度来看，公共外交是建构主义国际关系理论在外交领域的体现。精英理论认为，在政策制定过程中发挥重要和决定性作用的是社会精英而不是普通大众。包括约瑟夫·佩谢克、托马斯·戴伊、威廉·多姆霍夫在内的一些学者都认为，智库是整个国家权力机构的一部分。② 智库作为知识精英、政治精英、媒体精英、商业精英会聚的组织，在一国舆论场中，处于舆论领袖的地位。对此，"公共政策舆论场"理论给予了清晰的阐释。"公共政策舆论场"的构成因素主要包括政府舆论、智库舆论、利益集团舆论、大众传媒舆论和普通公众舆论。公共政策的形成是政府、智库、利益集团、大众传媒、公众通过各种传播媒介的互动达成的共识。智库影响力的实现是在这个多中心、网状互动的舆论场中与不同舆论因素的互动中得以形成并传播。③ 在"公共政策舆论场"中，智库始终处于"舆论聚散核心"的地位。一方面，智库是各种舆论创新、融和、碰撞的磁场；另一方面，智库是舆论传播的平台与

---

① JEFFREY BADER. U. S. -China relations: Is it time to end the engagement? Brookings Institution, September 2018 [EB/OL]. https://www.brookings.edu/research/u-s-china-relations-is-it-time-to-end-the-engagement/.
② 王莉丽. 旋转门：美国思想库研究 [M]. 北京：国家行政学院出版社，2011.
③ 王莉丽. 论美国智库舆论影响力的形成机制 [J]. 国外社会科学，2014 (3)：51-55.

交互中心。基于智库在一国"公共政策舆论场"的舆论聚散核心地位,通过开展"智库公共外交",可以与世界各国公共政策舆论界进行对话与交流,从而影响其国家舆论,最终加深理解、构建互信、促进和平。

从传播学的视角来看,"智库公共外交"影响力的实现实际上是"一套政策理念构建与传播的互动过程"①。如果把"智库公共外交"视作一个完整的传播过程,传播主体是智库,传播内容是思想,传播媒介既包括智库自身创办的媒介,也包括大众传播媒介,目标受众是智库及各界公众。对于目标受众而言,传播主体公信力如何是影响其信息接受度和态度、行为改变的重要因素。卡尔·霍夫兰研究认为,公信力高的传播者更能改变受众的态度,而公信力主要与专业知识的掌握、公正度等有密切联系。② 按照罗伯特·加斯和约翰·赛特提出的公信力理论框架,智库在专业能力、可信度和友好善意这三大公信力理论维度上都具有优势。因此,智库创造和传播的舆论相较于其他舆论传播主体更具可信度,对于受众而言也更具说服力。具体而言,智库是一种知识密集型组织,主要由受过高等教育的知识分子组成,具有高度专业性。从友好善意的维度看,智库是非营利组织,其从事的研究关乎国家发展、社会民生,其提出独立性、专业性的高质量政策建议,服务于国家利益和公共利益。这应该属于"善意"的最高层次,很容易被公众信任和接受。③ 在智库信息传播的过程中,一方面,智库可以直接面向广泛的受众进行信息传播;另一方面,智库可以通过影响"一级受众"进而影响"二级受众"或者"多级受众"。信息的二级传播和创新扩散理论认为,信息经常首先流向意见领袖,然后再从他们流向不太活跃的人群。④

---

① SCHMIDTVA. How, where and when does discourse matter in small states' welfare state adjustment?[J]. New political economy, 2003, 8 (1): 127.
② 陈丽玫, 吴国庆. 态度改变: 说服策略研究的回顾与展望[J]. 社会心理科学, 2008 (6): 8-13.
③ 王莉丽. 多元公共外交理论框架的建构[J]. 中国人民大学学报, 2018 (2): 120.
④ HERBERT MENZE, ELIHU KATZ. Social relations and innovation in the medical profession: The epidemiology of a new drug [J]. Public opinion quarterly, 1955, 19 (4): 337-352.

(二)"智库公共外交"的传播模式

本文明确了"智库公共外交"实现影响力的机制是通过影响舆论,发挥其意识形态权力的作用。因此"智库公共外交"具体传播模式和媒介的使用是实现其影响力的具体路径与关键。关于公共外交的传播模式,目前学界比较有代表性的研究是杰弗里·考恩和阿米莉亚·阿瑟诺提出的独白式、对话式、合作式理论框架。[①]

独白式公共外交主要是指使用单向传播模式,向外国公众传播本国的政策。这种模式很难改变目标受众的刻板印象。对话式公共外交是一种双向对称的信息交流,有利于消除刻板印象,改善国与国之间的关系。兼具独白与对话优势的合作式公共外交,是指在一个具有特定目标的合资企业或者项目中实现跨国参与,这种方式能够更有效地影响目标受众。如果用这个理论框架来分析"智库公共外交",独白式显然不完全适用,对话式与合作式具有一定的适用性。仅仅强调对话,不足以解释"智库公共外交"的传播模式特性。合作式在"智库公共外交"的具体实践中操作难度很大,各国的智库虽有其独立性和服务公共利益性质,但毕竟智库是国家意识形态权力的重要组成部分,各国的智库本质上服务于国家利益。

"智库公共外交"追求的理想效果是在传播主体与受众之间加强理解、增加互信,这与卓越公关的诉求是一致的。卓越公关理论认为,双向对等是卓越公关的主要条件之一,也是公关的理想模式。双向对等的公关模式强调对话,注重坦诚、完整、准确的双向交流,目的是促进相互理解,这种公关模式不以功利动机为出发点,以增进双方了解为目的。[②] "智库公共外交"因其主体是智库,作为政策研究组织,其公信力建立在专业性和一定的研究独立

---

① GEOFFREY COWAN, AMELIA ARSENAULT. Moving from Monologue to Dialogue to Collaboration: The Three Layers of Public Diplomacy [M]. California: Sage Publications, 2008.
② 黄懿慧,吕琛. 卓越公共关系理论研究三十年回顾与展望 [J]. 国际新闻界,2017 (5): 129-154.

性基础上，也正因如此，"智库公共外交"在信息传播时不能过于注重说服性的技巧和宣传，而是要坚持客观研究基础上的双向对等的沟通与对话，以免影响其公信力。另外，"智库公共外交"还有一种通常采用的方式就是智库以自媒体为中心，把各种有关国际关系和全球问题的研究成果，通过融媒体传播的方式，最大限度地扩散其舆论影响力，构建全球舆论传播网络，加强社交媒体的交互式对话。

结合考恩和阿瑟诺的独白式、对话式、合作式理论框架和格鲁尼格的卓越公关理论，本文研究认为，"智库公共外交"理想的传播模式可以分为两种。第一，双向对等传播模式，主要是指围绕具体议题和内容开展智库对话、思想交流，以及可能的合作研究空间。目的是通过思想的交流与对话，加强理解、增进互信。第二，以我为主的融合传播模式，这里的融合传播，一方面是指人际传播、组织传播、大众传播模式的融合；另一方面是指智库以自媒体为中心平台，把智库的思想成果通过各种社交媒体进行全方位的舆论传播和交互式对话。目标是最大限度地扩大智库思想的全球舆论传播范围，影响媒体议程、政策议程、受众议程与认知框架。

在"智库公共外交"的舆论传播中，除了以上两种主要的传播模式发挥作用外，在传播的层次上又具体分为三个层面：第一个层面是最直接的日常传播，通过融合传播的模式传播智库思想；第二个层面是战略传播，在特定的国际关系背景和政府外交需求下，在一定时间段内，有针对性地围绕特定议题策划会议交流、研究合作、舆论传播活动；第三个层面是在数年甚至数十年的长时间段内，通过各种智库活动培养与目标受众国智库及各个层面公众舆论的友好关系。

四、结语

纵观历史，真正的大国不仅在军事和经济上具有强大实力，更重要的是思想创新能力和意识形态权力。在近现代历史上，任何国家的崛起都必然以思想的崛起为前提和基础。当今中国正站在世界历史发展的关键节点上，正处于中华民族伟大复兴的关键时期，智库作为国家战略实力的重要组成部分，在国家意识形态建设和全球发展战略中发挥着极其重要的作用。近年来，中国的智库建设一直受到国家的高度重视，在国家层面的制度建设不断得到完善基础上，智库本身的机制构建和思想创新也取得了很大进步。与此同时，中国"智库公共外交"与欧美发达国家智库之间还存在一定的差距，还远不能满足新形势下国际关系的需要。① 由于现有政策、法律的限制，国内智库学者关门交流研讨较多而跨国交流较少，智库"走出去"的机会不多，到外面举行新闻发布会或者作为一个智库联合体在国外进行学术交流的活动也比较少。② 另外，"智库公共外交"普遍停留在浅层次的调研和会议交流上，还远远达不到双向沟通对话以及在国际舆论场设置舆论议程、引导舆论走向的目的，在为政府外交提供创新思想和有益补充方面也还存在很大的提升空间。

中国"智库公共外交"要取得良好成效，还有待于中国特色新型智库建设的继续全面深化改革，以人才为核心提升智库思想的创新能力，通过"智库公共外交"理论的深化不断提升传播效果。第一，经过近十年的快速发展，中国智库建设进入了改革的乏力期，需要继续全面深化改革。从长远来看，要培育一批具有国际影响力、思想创新能力和公共外交能力的智库，推进智库在政治、经济、文化、军事、外交等各个领域的全方位、多领域公共外交。从短期来看，当前活跃在公共外交领域的一批中国智库，需进一步提高思想创新能力和议程设置能力。第二，人才是智库的核心竞争力，中国智库要为人才的发展和知识创新提供培育土壤及有效的保障与激励机制，为智库人才提供制度化的上升空间，全面开启智库"旋转门"。第三，在明确"智库公共外交"功能、机制和传播模式的基础上，有针对性、有层次地安排智库交流

---

① 王莉丽. 从"智库公共外交"看智库多元功能 [N]. 中国社会科学报，2014-04-11.
② 韩方明. 鼓励民间智库开展外交与国际问题研究 [N]. 南方日报，2014-03-12.

活动,选择和设计战略传播模式,从而有效塑造与引导舆论。第四,"智库公共外交"是一种双向对称的思想交流与对话,不是宣传和单向度的传播,中国智库在公共外交活动中,要明确自身智库的定位,不可把"智库公共外交"混同于媒体传播和政府宣传。

新时代,在全面开放新格局的当下,中国"智库公共外交",任重道远。本文对"智库公共外交"进行的理论研究,还远远满足不了当前"智库公共外交"实践的需要,算是抛砖引玉,希望能够推进这一重要而又被学界所忽视的领域的进一步深入理论研究。相信"智库公共外交"所产生的创新活力和构建的意识形态权力,必将为中国的发展与世界的繁荣稳定提供坚实的基础。

研究基金机构在中国智库建设中的作用研究[①]

朱旭峰[②] 贾 杨[③]

自20世纪80年代以来，中国政府多次强调建立健全决策咨询制度，促进决策科学化、民主化和法治化的重要意义。在实践层面，政府决策越来越注重咨询和采纳政府外专家的意见，并且通过举办听证会、专家咨询会等形式让专家参与决策过程，很多地方政府陆续建立了决策咨询顾问委员会，并对政府的决策程序做出进一步规范，规定凡重大决策必须召开决策咨询专家座谈会议，广泛征求专家意见。尤其是党的十八大以来，决策咨询制度得到了党和国家的进一步重视。

2015年，中共中央办公厅和国务院办公厅联合印发了《关于加强中国特色新型智库建设的意见》，指出要发展中国特色新型智库，建立健全决策咨询制度，将决策咨询制度和智库建设提升至国家战略的高度加以重视。在我国，研究基金机构已经在促进智库建设、推动决策科学化方面发挥着越来越重要的作用。自国家提出"中国特色新型智库建设"以来，中国智库研究成为热点，但对研究基金机构在政策过程中的独特作用尚关注不足。

[①] 本文原文发表于《行政论坛》2019年第5期，有改写。
[②] 朱旭峰，清华大学公共管理学院教授、副院长，智库研究中心主任。
[③] 贾杨，天津社会科学院舆情研究所助理研究员。

一、研究基金机构

研究基金机构（Research Funding Organizations），是指接受政府或社会机构委托，代为管理研究经费，并通过竞争性经费分配机制支持学者和科研机构进行基础及应用研究的组织。现代社会通常存在两大类研究基金机构。第一类是由国家和政府设立的研究基金机构。例如，我国的国家自然科学基金委员会和全国哲学社会科学规划办公室。这类研究基金机构普遍采取科学基金制度，由国家拨款设置基金，采取学者自主申请、同行评议、择优资助的竞争性经费分配机制资助特定领域的科学技术研究。第二类是非官方研究基金机构。这类研究基金机构由个人、企业或智库出资设置基金，资助特定领域的科学研究或政策研究。我国非官方研究基金机构通常注册为公益基金会，由民政部统一管理。

研究基金机构是政策过程中的一类特殊行动者。研究基金机构和智库是连接"知识"（科学）与"政策"（政治）两大社会领域的桥梁。目前，在中国的政策过程中，研究基金机构和智库占据了知识与政策之间边界的关键位置，承担着"划界"和"架桥"的职能。古斯顿（Guston）认为，科学研究管理部门应当被视为一种"边界组织"，专家和决策者的关系应该被视为一种"双向通道"，并将委托代理理论引入对边界组织的分析，指出边界组织跨越了知识和政治的边界，并通过成功地作为科学家和政治家双方的代理来协调这个边界，使之达到相对稳定的状态。

研究基金机构的特点是促进了科学与政治边界的稳定性，同时加强了知识与政治的互动。我国各类研究基金机构一方面为智库提供了开展研究活动所必需的研究资金，通过资助政策研究在"知识"和"政策"之间划分了边界，增强了智库的研究自主性；另一方面通过自己与政府建立起的渠道向决策者输送智库研究成果，促成了"知识"与"政策"的信息流动。研究基金机构处在"知识"和"政策"边界的关键位置，成为将"知识"和"政策"两个社会领域联系在一起的桥梁，对我国新型智库建设具有重要的促进作用。研究基金机构的作用见图1。

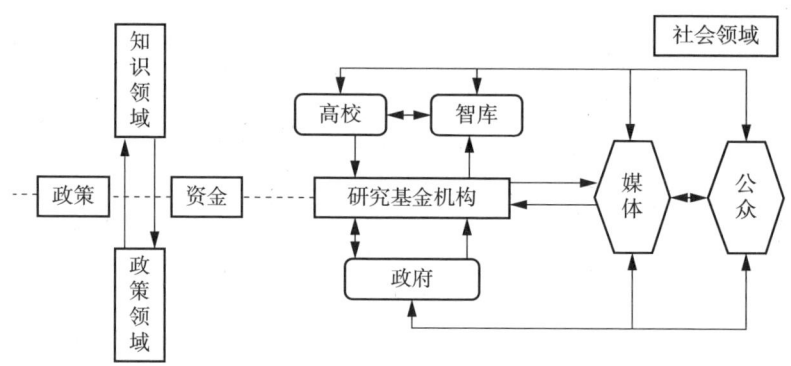

图1　研究基金机构的作用

二、研究基金机构推动智库建设案例

国内代表性的官方研究基金机构主要包括全国哲学社会科学规划办公室、国家自然科学基金委员会；具有代表性的非官方研究基金包括综合开发研究院（中国·深圳）发起成立的马洪经济研究发展基金会、国务院发展研究中心成立的中国发展研究基金会，以及修远基金会、中信改革发展研究基金会、深圳市综研软科学发展基金会等。本文以两个官方研究基金机构——全国哲学社会科学规划办公室和国家自然科学基金委员会，以及一个非官方研究基金机构——中国发展研究基金会为案例，探讨中国研究基金机构推动中国智库建设、发挥智库职能的机制。

(一)案例一:全国哲学社会科学规划办公室[①]

全国哲学社会科学规划办公室是我国哲学社会科学领域的国家资助机构,负责管理国家社会科学基金,为全国范围内的哲学社会科学专家提供研究资助,以促进哲学社会科学的繁荣发展。我国的国家社会科学基金成立于1986年。成立之初,国家社会科学基金由中国社会科学院代管,但全国的社会科学领域工作者皆可申请资助。到了1991年,中央决定在全国哲学社会科学规划领导小组下设立全国哲学社会科学规划办公室,并将国家社会科学基金划归全国哲学社会科学规划办公室管理。至此,全国哲学社会科学规划办公室正式成为我国的哲学社会科学领域的国家级研究基金机构。2018年,全国哲学社会科学规划办公室更名为"全国哲学社会科学工作办公室"。

全国哲学社会科学规划办公室在促进智库建设方面的作用主要体现在以下几个方面。

首先,国家社会科学基金通过发布项目指南和招标公告,将国家治理中的政策问题转化为社会科学研究议题。国家社会科学基金的项目申报以年为单位,每年申报一次。一般来说,年末全国哲学社会科学规划办公室就会发布下一年的项目申报公告和课题指南。项目申报公告和课题指南都会对下一年的研究资助做出方向性的指导部署,并给出一批重点选题方向。课题指南中的重点选题方向,往往体现了基础研究领域国内外学术发展和学科建设的前沿动态;应用型研究则紧密围绕党和国家的工作大局,以研究国家经济社会发展中的重要理论与实践问题为主,强调研究项目的现实性、针对性和决策参考价值。

此外,国家社会科学基金的重大项目采用招标的方式,每年发布招标公告和选题研究方向,投标者必须按照给定的选题方向投标,不接受自选课题。

[①] 2018年全国哲学社会科学规划办公室已经更名为"全国哲学社会科学工作办公室",但为了行文前后统一,本文仍然以原名介绍其过去的主要工作。

其中应用类重大项目主要资助重大现实问题的应用对策研究。应用类重大项目的选题通过广泛征集学者意见、专家评议等方式，确定最终的选题方向，这些选题方向集中体现了党和国家的决策需求，并经过学者专家群体的评议认可。例如，2015年应用类重大项目的选题方向，就是围绕着党的十八大以来党中央的重大战略部署，主要包括"四个全面"战略布局的研究、经济发展新常态研究、"一带一路"研究等，都是以国家战略和国家利益为导向，以服务党和政府决策为着力点的选题方向。

研究基金机构以课题指南和招标公告的形式，将资助范围限定在了党和国家决策的重点关注议题之内，引导学者对上述议题进行深入研究阐释。在这一过程中，全国哲学社会科学规划办公室发布课题指南和招标公告，并且下发给各省、自治区、直辖市和新疆生产建设兵团的哲学社会科学规划办公室，以及中国社会科学院科研局、中共中央党校科研部，再由省一级哲学社会科学规划办公室下发给各个高校和科研单位，最终传达给全体社会科学研究人员。因此，这是一个"自上而下"的引导过程，通过国家社会科学基金的引导作用，决策者的政治需求被转化为可供研究的社会科学议题，并且传达给智库和专家。

其次，全国哲学社会科学规划办公室在资助学术研究的基础上，逐渐发展出了新职能——为智库和专家搭建与决策者沟通的渠道，从而将社会科学领域的研究成果用于公共政策。具体形式是全国哲学社会科学规划办公室于20世纪90年代末创建了《成果要报》，将智库和专家的政策咨询报告以内参的形式上报给中央决策高层。

经过多年的发展，《成果要报》已经成为我国智库研究成果转化为公共政策建议的重要制度化渠道。自2009年全国哲学社会科学规划办公室开始向全国范围内从事哲学社会科学研究的个人和机构公开征稿以来，社会科学领域的智库专家参与决策咨询就多了一条制度化途径，并且这一制度化途径变得越来越重要，它为党和政府高层提供了关于经济、政治、外交、文化、社会和生态环境领域的专业知识和分析，大大降低了智库与决策者相互沟通的成本，提高了沟通效率，使社会科学领域的专业知识能够更加有效地服务于决策。

《成果要报》制度的特别之处在于，全国哲学社会科学规划办公室本身是一个科学研究资助机构，其建立的初衷是管理国家社会科学基金，资助社科领域的基础和应用研究，推动社会科学在中国的繁荣发展。随着改革开放以来的经济发展和社会转型，中国在国内和国际层面上都面临着越来越复杂的政策问题，这就在客观上使党和国家领导人需要在决策中引入外部的智力资源，发动广大专家学者为公共政策决策提供咨询建议，促进决策科学化、民主化。在这样的大背景下，全国哲学社会科学规划办公室既具备联络智库和专家的先天优势，同时又与中宣部有着制度化的行政隶属关系，从而能够与中央决策高层建立联系，研究基金机构便发展成了连接政治领域和专家知识的制度化渠道。

因此，我国通过以全国哲学社会科学规划办公室为节点，以《成果要报》这样一种经常性、制度化的政策咨询报告为载体，实现了知识领域和政策领域信息的双向流动。一方面，中央高层的决策需求通过全国哲学社会科学规划办公室"自上而下"的引导和动员传达给专家学者；另一方面，专家学者的政策思想被写入《成果要报》，通过全国哲学社会科学规划办公室"自下而上"递送至决策者手中，成为决策参考。全国哲学社会科学规划办公室为智库提供了制度化的决策参与渠道，在促进政策信息双向流动的过程中发挥了关键作用。

最后，近年来，全国哲学社会科学规划办公室还承担着支持和协调国家高端智库建设的重要职能。2015年11月，中央全面深化改革领导小组第十八次会议审议通过了"全国高端智库试点项目方案"（以下简称"试点项目"）。2015年12月，国家高端智库试点工作计划正式出台，计划中确定了25个试点高端智库。试点项目对智库管理体系进行了重要的制度调整。一是国家哲学社会科学规划领导小组负责智库发展的宏观指导。二是国家哲学社会科学规划领导小组成立高端智库理事会，理事会成员遴选自各中央决策部门和现有的高水平智库负责人。同时，高端智库试点项目的总体工作放在中宣部之下，由全国哲学社会科学规划办公室成立智库委员会秘书处，负责日常沟通工作。国家社会科学基金会每年向这些机构提供1000万元的研究基金。三是建立了试点智库的跟踪考评办法。中共中央将研究任务分配给智库，并赋予其自主选题的权利。智库产出的研究成果由全国哲学社会科学规划办公室在其内部刊物《国家高端智库报告》中选登，高端智库理事会定期请第三方机构对高端智库试点机构进行评估。

全国哲学社会科学规划办公室通过支持和协调国家高端智库，充分发挥了其"划界"功能。过去，除了少数有高层通道的特殊智库外，中国官方智库和非官方智库影响决策层的直接渠道大多依靠各部委。同时，许多智库也主要依靠相关部委的委托研究获取研究经费。对相关部委研究资金和影响力渠道的依赖，可能对智库在研究选题自主性和政策观点独立性方面产生一定的负面影响。国家哲学社会科学规划办公室作为一个综合性的社会科学研究基金资助机构，对具体政策而言没有明显的部门色彩和偏好，支持国家高端智库的研究经费也无须与具体的政策委托课题捆绑在一起。因此，全国哲学社会科学规划办公室在知识领域和政策领域设置了边界，在资助智库的同时保障其研究自主性。

（二）案例二：国家自然科学基金委员会

国家自然科学基金委员会（以下简称"自然科学基金委"）成立于20世纪80年代，它作为科研经费拨款方式的重要改革，旨在推动我国科技体制建设。自然科学基金委是管理国家自然科学基金的事业单位，2018年，根据《深化党和国家机构改革方案》，自然科学基金委由国务院直属事业单位改由科技部管理，主要职能是支持基础研究科研探索性研究资助、人才资助、仪器工具研发资助、跨学科跨地区融合问题资助等四个体系。自然科学基金委针对的基础研究及研究人才，是政府决策专业咨询需求的重点领域之一。自然科学基金委在发展过程中，通过课题资助和评价，一方面引导提炼出了部分面向政策咨询的课题项目，另一方面通过对智库或专家成果的了解、评价，为政府直接提供相关问题的政策建议。

首先，自然科学基金委通过设计研究项目，引导课题研究与政策需求对接。虽然自然科学基金在性质上属于支持较为基础性的自然科学研究，但是其课题设计对现实问题的反应比较灵敏。这种对现实的关怀集中体现在一些应急课题的设置上。在自然科学基金委管理的十几个类型项目中，专门设置了重大研究计划项目和应急管理项目，直接涉及对政府决策咨询的考虑。

重大研究计划项目围绕国家重大战略需求和重大科学前沿，着眼于提升我国基础研究的原始创新能力，为国民经济、社会发展和国家安全提供科学支撑。这些项目主要来自自然科学基金重大项目"非常规突发事件应急管理研究"。这4年间，均有相关的子课题持续推进研究。这种以特定重大问题为主干，以年度重点项目资助为推进计划，将重大问题分解至不同研究专长的科研机构的模式，体现出自然科学基金委整合各领域科学家对重大问题进行持续性协同攻关的运作特征。

应急管理项目用于资助具有重要科学意义、需要及时支持的创新研究、学术交流、战略研究项目及其他特殊需要的项目，包括自然科学基金委综合管理项目、科学部综合管理项目、局室委托任务及软课题三大类。应急研究计划是自然科学基金委对国家重大紧急性问题的及时回应。这些选题一部分来自党和国家的直接命题，一部分来自自然科学基金委回应国家重大问题的主动设置。管理科学部的应急研究计划起始于1997年。

其次，自然科学基金委通过管理经验积累直接服务于政府决策咨询。2005年发布的《国家自然科学基金委员会章程》明确提出自然科学基金委的职能之一："协同国家科学技术行政主管部门制定国家发展基础研究的方针、政策和规划，对国家发展科学技术的重大问题提供咨询。"自然科学基金委服务国家科技发展重大问题的咨询工作体现在以下几个方面。

一是通过研究基础学科的历史进展和战略发展需求，为国家科技战略部署提供决策支持。早在1988年，自然科学基金委各科学部就广泛开展了自然科学学科发展的战略研究；1993年，自然科学基金委政策局给党组提交报告，建议开展"优先资助领域的战略研究"，"优先资助领域的战略研究"工作部署得到3个科学部门的积极响应；1995年初，《国家自然科学基金"九五"优先资助领域》一书出版。二是通过呈递"内参"的形式直接寻求政策影响。《研究基金简报》是自然科学基金委刊载重大科技政务信息的研究基金内参。同时，自然科学基金委还创办了《情况交流》内刊，刊载自然科学研究的前沿信息和我国重大科技进展。另外，自然科学基金委重视通过多渠道信息公开，将资助课题的研究成果、资助政策、相关科技信息向科技界和全社会公开传播。三是积极开展与其他智库、社会企业、地方政府的合作项目。自然科学基金委的特色是和地方政府、大型企事业单位的合作，为地方政府科技创新驱动经济社会发展做出贡献。自然科学基金委和企业设立的联合基金突出产学研的结合，架起了科学家和企业科研系统创新的平台。

最后，自然科学基金委也直接培养了政策领域专家。自然科学基金委于2002年建立了科学部专家咨询委员会（以下简称"咨询委员会"）负责对科学部的优先领域和资助格局、重大研究计划和重大项目立项、学科发展战略等具有战略性的资助决策与管理工作提供咨询建议及指导性意见。咨询委员会成立之初，在人员聘用标准、会议工作机制等方面并没有明确的制度规范，为此自然科学基金委专门成立科学部专家咨询委员会工作机制调研组，对咨询委员会的工作机制进行问题纠察和方案设计。目前，咨询委员会共有成员152人，委员采用任期制。这种规范的专家咨询机制的建立在一定程度上帮助自然科学基金委培养了科技政策领域的人才队伍。

除了规范的专家咨询机制外，自然科学基金委也兼顾管理科学类的研究资助。自然科学基金委的学部构成虽然以自然科学为主，但也设置了管理科学学部，受理、评审和管理各类管理科学基金项目。管理科学学部下设的管理科学一处、二处、三处，分别资助管理科学基本理论、管理科学微观研究（包括各行业、各类企事业单位及非营利组织）和宏观管理政策学科的科研项目。其中，管理科学三处的资助目标中明确提出了"培养研究人才与队伍，在发展相关理论和方法的同时，鼓励为国家宏观决策实践提供咨询、支持和参考"的目标。

可见，自然科学基金委的重要职能就是在专家和决策者间建立起相互沟通的稳定桥梁。自然科学基金委通过开展重大研究计划、应急管理项目等形式，将党政部门的政策需求转化为具体的研究议题并资助智库专家开展研究。自然科学基金委再将智库的研究成果上报给决策部门，作为决策依据和参考。

（三）案例三：中国发展研究基金会

中国发展研究基金会是在中国民政部门注册的公募基金会，1997年由国务院发展研究中心发起并设立。该基金会作为非官方公益机构，具有半官方背景，主要宗旨是"支持政策研究、促进科学决策、服务中国发展"。自成立以来，中国发展研究基金会最重要的品牌项目是每年3月在北京召开的"国家发展高层论坛"。同时，中国发展研究基金会还长期关注中国的消除贫困、加快发展有关问题，致力于改善贫困地区妇女、儿童及其他弱势群体的生存环境，资助开展了大量消除贫困方面的政策研究，曾被民政部授予"中国先进社会组织"的称号。在"农村义务教育学生营养改善计划"政策的决策过程中，中国发展研究基金会作为非官方政策研究资助机构，在开展政策研究、议程设置、政策执行和评估等阶段都发挥了非常重要的作用。

"农村义务教育学生营养改善计划"是一项旨在改善农村地区贫困学生营养状况的重大民生政策。2011年10月，时任国务院总理温家宝主持召开国务院常务会议，决定启动实施"农村义务教育学生营养改善计划"。根据这项政策，从2011年的秋季学期开始，中央财政每年投资160亿元，在贫困地区开展试点,以每人每天 3 元为标准①,为农村义务教育的学生提供营养午餐补助,试点惠及 2600 万名学生,范围涵盖 680 个县(市)。这项计划精准地帮助了农村地区的贫困学生,让他们告别了"饿着肚子上学"的历史。在这一政策的议程设置、政策制定和具体实施过程中,中国发展研究基金会作为非官方政策研究资助机构扮演了重要角色,对推动政策变迁起到了重要的促进作用。

1. 开展政策研究

早在 2006 年,中国发展研究基金会就注意到"撤点并校"、集中教学后,很多地区乡镇、农村的寄宿制学校没有食堂,学生"饿着肚子上学"的情况非常普遍,导致很多学生营养不良,严重影响了其身体发育乃至智力成长。于是,中国发展研究基金会决定开展相关实地调研和政策研究。

2007 年初,中国发展研究基金会正式开展试点,实施"贫困地区寄宿制学校学生营养改善项目"。试点选在广西壮族自治区河池市都安县 3 所小学,由中国发展研究基金会出资,帮助学校建设食堂。在第一所试点学校,以每人每天 5 元为标准,向学生提供包含肉类、蔬菜的午餐;在第二所试点学校,以每人每天 2.5 元为标准,向学生提供包含肉类、蔬菜的午餐;第三所学校作为对照组,没有提供营养午餐。在该项目实施之初,研究人员分别对 3 所试点学校的学生做了体检,项目开展一年后,研究人员再次对学生做了体检。两次体检的基本情况是:2007 年项目开展之初,3 所学校学生的体质都低于全国平均水平,存在营养不良、贫血、发育迟缓等现象,且 3 所学校学生的体检结果之间无显著差异;一年后,提供午餐试点学校的学生,身高体重、体内营养素、肺活量等各方面指标,都优于没有提供营养午餐的对照组。相比对照组,试点组的学生平均身高多增长了 1.4 厘米,肺活量增长速度为对照组的 2 倍。此外,更值得关注的是,试点组学生学习成绩明显提升,显著优于对照组,营养午餐的效果立竿见影。

---

① 2014 年 11 月,补贴标准提高到每人每天 4 元。

2. 递交政策建议，推动议程设置

2008年3月，中国发展研究基金会秘书长卢迈先生以"从农村寄宿制学校入手，实施国家儿童营养改善战略"为题，将上述调查成果形成政策建议报告。由于中国发展研究基金会的业务主管单位是国务院发展研究中心，同时卢迈先生本人有长期在国务院发展研究中心工作的经历，因此该报告经由时任国务院发展研究中心主任王梦奎先生，递交给了时任国务院总理温家宝。这样，一项关于贫困地区学生营养改善的政策建议，进入了国家领导人的视野。

这份来自公益基金会的政策建议报告，向温家宝总理反映了农村地区的寄宿制学校普遍存在学生营养状况不良的问题，并展示了广西试点实验的结果。该报告依托长期政策研究，有实验组、对照组两组学生在营养午餐干预前后详细的身体发育指标数据对比，因此，能够非常明显地体现出营养午餐的效果，证明营养午餐能够有力促进试点学校学生的身体和智力发育，报告具备很强的专业性和说服力。此外，根据在广西的试点结果，该报告提出了由中央政府出资，实施"国家儿童营养改善战略"的具体政策建议：对学生的营养补助最有效的形式是学校建食堂；补贴标准方面，若以每人每天5元标准提供午餐，小学生能量摄入能够达到推荐营养标准的98%以上，若以每人每天2.5元的标准提供午餐，小学生的能量摄入能够达到推荐营养标准的89%以上。这份报告以实地调查为依据，提出了切实可行的政策建议；同时，以改善贫困地区义务教育学生营养状况为主题，高度契合了当时贯彻落实科学发展观、以人为本的政治理念，在政治性方面也与党和国家领导人施政思路吻合。因此，这份报告很快得到温家宝等国家领导人的重视。2008年4月，温家宝总理做出专门批示："要增加对贫困学生的补助力度，改善学生的营养状况。这件事关系到国家未来，也是扶贫事业的重要组成部分，建议由教育部会同财政部调查研究，制订方案，可以在部分贫困省区先实行。"至此，政策变迁的"机会之窗"得以打开。

3. 政策方案的选择和确定

温家宝总理批示后,农村义务教育学生营养改善的政策进入制定阶段。根据总理批示精神,教育部、财政部对贫困地区学校寄宿学生情况开展了更广泛的调查,并着手制定政策方案。在这一过程中出现了两套政策方案:一个是生活补贴,另一个是直接供餐。最初,教育部、财政部等部门对于直接推行学校供餐制度是比较谨慎的,所以采取了增加贫困学生生活补贴的方案。2008年春季学期起,中央财政提高了对农村寄宿学生生活补贴的标准,小学学生每人每年补贴500元,中学学生每人每年补贴750元。

2008年10月,中共十七届三中全会通过的《关于推进农村改革发展若干重大问题的决定》明确提出要"改善农村学生营养状况"。2011年10月,国务院常务会议审议、原则通过了《农村义务教育学生营养改善计划》,国务院办公厅印发了相关实施意见,决定从2011年秋季学期开始,中央财政每年划拨160亿元,在贫困地区开展试点,以每人每天3元的标准,为试点地区学生提供营养补助。试点惠及2600万名贫困学生,范围涵盖了680个县(市)。至此,政策方案正式确定,政策进入了执行阶段。

4. 监督政策执行,实施政策评估

关于农村义务教育学生营养改善,中国发展研究基金会在议程设置中发挥了关键作用。从2008年中央大幅增加相关财政投入开始,中国发展研究基金会又在政策评估方面发挥了关键的作用。

中国发展研究基金会成立了学生营养改善项目组,先后于2010年5—11月、2011年8—11月,对"农村义务教育学生营养改善计划"政策的贯彻执行状况进行了两轮政策评估。在第一轮政策评估中,项目组发现,"提高生活补贴"这一政策方案效果并不尽如人意,由于各种原因,补贴的经费难以直接落实到学生营养改善上,虽然中央、地方两级都投入了大量经费,但一些地区学生营养不良状况并未得到明显改善。这个政策评估意见上报国务院后,中央政府决定调整政策方案，采用直接供餐的政策方案，并于2011年10月出台专项计划，开始推广学校供餐。2011年，中国发展研究基金会又进行了第二轮政策评估。第二轮政策评估发现，政策试点地区绝大多数学校都建了食堂，通过学校食堂直接供餐给学生，并且学生营养状况得到了实质性改善。

2015年，教育部、全国营养办委托中国发展研究基金会建立"阳光校餐数据平台"，数据平台覆盖全国13个省和自治区、100个县（市）、9200多所义务教育学校，将"农村义务教育学生营养改善计划"覆盖下的全部学生就餐数据在平台上展示。通过大数据技术，中国发展研究基金会作为第三方评估机构，对"农村义务教育学生营养改善计划"的实施情况，进行数据监测与评估。此后，中国发展研究基金会对"农村义务教育学生营养改善计划"的政策评估，成为一个正式、长期、制度化的机制。

回顾该案例，可以得出几点结论：首先，中国发展研究基金会主动资助社会政策专家开展相关研究议题，并将研究报告上报给国家决策部门，从而成功将农村贫困地区的学校供餐议题转化为公共政策议程；其次，在"农村义务教育学生营养改善计划"政策制定实施过程中，中国发展研究基金会在议程设置、政策制定、政策实施和政策评估阶段都是重要的行动者之一，对于政策变迁起到了重要的推动作用。中国发展研究基金会的作用，与国家研究基金机构类似，充当了知识与政策之间的桥梁，从而实现了专家和决策者的双向信息交流互动，消除了双方的信息不对称，最终促进了公共政策决策的科学化、民主化和法治化。

三、结论

研究基金机构对于智库建设具有重要的促进作用。智库通过研究基金机构获得了赖以生存的研究资金。除了政府拨款和捐赠以外，研究基金机构的资金支持是智库最重要的资金来源。但是，研究基金机构对智库建设的作用不局限于提供资金，它们是科学和政策两大领域间的桥梁，研究基金机构对于智库建设有着重要的意义。

（一）研究基金机构推动智库发展

国内的半官方智库在一定程度上依赖于政府财政拨款和部门委托课题。对于建设开放性强、自主性高的现代智库来说，高度依赖单一政府部门资金并不是长久之计。这不仅会让外界质疑研究的客观独立性，也会在一定程度上阻碍机构在用人制度、激励制度等方面的机动调整。对于高校智库和社会智库来说，来自官方或者社会基金的资助是其多元资金来源的重要组成部分，有条件的机构还通过自设机构基金，培植机构内部的研究实力和创新能力。例如，中国（海南）改革发展研究院于1992年发起成立了海南改革发展研究基金会，该基金会的主要职能就是资助中改院的政策咨询和学术研究。又如，综合开发研究院（中国·深圳），其经费仅有20%左右来源于深圳市政府，其余经费大多来自马洪经济研究发展基金会和深圳市综研软科学发展基金会。

研究基金机构对于智库的最大作用在于它是一笔"非委托项目"的资金来源。不同于承接咨询课题等业务活动带来的定向委托资金，研究基金的投入一般没有具体的服务诉求。即研究基金在知识与政策之间明确划分了边界，政府虽然资助智库，但是并不具体介入智库的研究活动。这种独特的性质使研究基金机构的支持能够最大限度地保护智库运作的自主性和观点形成的客观性，不受利益因素的驱使。研究基金机构属于决策咨询体系中的资金集散地。由研究基金机构所组成的资助网络保证了智库的研究经费来源，因此，从这个意义上讲，研究基金机构支持智库建设的首要功能就是为其提供政策研究资助。目前，全国哲学社会科学规划办公室、自然科学基金委等研究基金机构都以资助科研项目的形式为政策研究和咨询提供经费支持；同时，通过决策咨询点建设、研究基地建设、国家高端智库建设等渠道和形式，为智库提供专项资金。此外，除了国家和各省层面的研究基金体系，中国的非官方研究基金也在资助政策研究，这部分经费输入虽然体量较小，但作为政府投入的补充，为智库经费来源多元化奠定了基础，有助于逐步建立多元化、多渠道、多层次的智库资金投入体系。

(二) 研究基金机构延伸出的智库职能

官方研究基金机构对智库来说不仅意味着稳定的资金来源，而且由于官方研究基金机构由政府支持，能够申请到官方研究基金机构资助，在很大程度上意味着政府对智库知识成果的认可；在成果统计和对外宣传时，承接的官方研究基金机构项目也是重要的量化指标。由于官方研究基金机构的这种特殊性，基金项目的设立、评定和管理，一方面可以成为掌握机构研究能力和运行情况的重要信息渠道；另一方面可以对智库间竞争和运作起到引导和规制作用，以至于研究基金，特别是大型官方基金，延伸出了一些智库职能。

1. 研究基金机构通过课题指南设置政策和学术议程

全国哲学社会科学规划办公室和自然科学基金委等官方研究基金每年发布的课题指南，其选题一部分来自政府决策者的命题，一部分来自研究基金管理方的专家委员会在征集选题的基础上的遴选，最终立项的课题还包括科研院所、智库机构的自主选题。政府决策者的命题本质上反映出研究课题直接进入政府议程；研究基金管理方的遴选既是学术议程设置的一部分，也是回应政策议题设置的过程；科研院所和智库机构的自主选题，则表现出研究机构的自主性，这些自主性选题大多是基于研究者的长期积淀和科研志趣，这些研究可能不符合影响设置政策议题的应急标准，但其价值在于未来可能成为政府决策所必需的储备性研究议题。

2. 研究基金机构可以自己设计研究主题，自己开展政策研究，并借助渠道向决策者提出代表研究基金机构自己的政策建议

典型案例即前文所述的中国发展研究基金会。研究基金机构已经在原来

单纯资助学术研究，鼓励探索创新的基础上，发展出了参与政策研究、提供政策咨询的新职能，从而成为连接和沟通科学领域与政治领域的桥梁。而且，研究基金机构通过发挥政策咨询职能，成为公共决策过程中的重要参与者之一，为党和国家高层决策提供了重要的政策参考。

3. 研究基金机构在资助过程中产生了对智库的系统支持

研究基金机构以课题资助的方式对智库进行支持，同时也以课题结项的方式对智库的研究成果进行评价。研究基金机构组织同行专家对智库研究成果的评价是保障智库研究成果质量的重要关口。更重要的是，研究基金机构为智库的政策分析产品提供了上报决策层的制度化渠道。如全国哲学社会科学规划办公室的《成果要报》《国家高端智库报告》，自然科学基金委的应急研究项目等，多年来为党和国家提供了大量关于重大现实问题的分析与政策建议。此外，研究基金机构对智库研究成果的宣传传播功能也不可低估。传播的方式包括网站宣传、资助学术期刊、资助智库成果结集出版等。研究基金机构对智库成果的宣传、传播，一方面扩大了智库研究的影响面；另一方面通过对智库研究成果的传播，将智库的研究专家推向思想市场，成为决策者获取专家资讯的重要渠道。

因此，在我国，全国哲学社会科学规划办公室、自然科学基金委和中国发展研究基金会等研究基金机构都是重要的边界组织。首先，这些机构通过正式的组织结构将知识领域和政策领域有效连接起来，建立起了智库专家与决策者之间有效沟通的稳定渠道，从而促进了智库研究成果向政策分析的转化，提升了决策科学性；其次，研究基金机构在知识领域和政策领域之间设置了边界，政府、企业或个人通过研究基金资助智库，但并不直接介入智库及其专家的研究活动，智库既获得了宝贵的资金支持，也有助于保障研究的自主性；最后，研究基金机构开展各类边界活动支持智库建设，通过基金资助、人才培养、议题设置、成果评价、宣传推广等方式促进智库政策影响力的发挥。

参考文献

[1] MOORE K. Organizing integrity：American science and the creation of public interest organizations，1955-1975［J］. American journal of sociology，1996，101（6）：1592-1627.

[2] GUSTON D H. Boundary organizations in environmental policy and Science：An introduction［J］. Science technology & Human values，1996，26（4）：399-408.

[3] 大卫·古斯顿. 在政治与科学之间：确保科学研究的诚信与产出率［M］. 龚旭，译. 北京：科学出版社，2010.

[4] 中国科学基金研究会. 中国科学基金年鉴1993［M］. 北京：科学出版社，1994.

[5] 中国管理科学学会科学基金专业委员会. 中国科学基金年鉴1990［M］. 北京：科学出版社，1991.

[6] 全国哲学社会科学工作办公室机构职能［EB/OL］.［2018-12-26］. http://www.nopss.gov.cn/n1/2018/1226/c220819-30488974.html.

[7] 全国哲学社会科学规划办公室. 国家社会科学基金年度报告2015［M］. 北京：学习出版社，2016.

[8] 国家自然科学基金委员会机构概况［EB/OL］.［2019-01-20］. http://www.nsfc.gov.cn/publish/portal0/jgsz/01/.

[9] 国家自然科学基金委员会专家咨询［EB/OL］.［2019-01-20］. http://www.nsfc.gov.cn/publish/portal0/jgsz/06/.

[10] 国家自然科学基金委员会管理科学部机构设置［EB/OL］.［2019-01-20］. http://www.nsfcms.org/index.php?r=intro/institution.

[11] 中国发展研究基金会简介［EB/OL］.［2019-02-15］. http://www.cdrf.org.cn/jj.jhtml.

[12] 教育部. 贯彻落实农村义务教育学生营养改善计划［EB/OL］.［2017-12-28］. http://www.moe.gov.cn/jyb_xwfb/s5148/201111/t20111130_127350.html.

[13] 钟卉. 让西部孩子"吃出"未来［N］. 钱江晚报，2009-10-19.

[14] 中国发展研究基金会. 2011农村学校供餐与学生营养改善评估报告［R］. 2012-4.

[15] 中国发展研究基金会. 建立学校供餐机制, 改善农村学生营养: 2010 农村学校供餐与学生营养评估报告 [R]. 2011-2.

[16] 中国发展研究基金会阳光校餐数据平台 [EB/OL]. [2019-01-20]. http://cdrf.chinacloudapp.cn/.

[17] SHAI MING-CHEN, STONE D. "The Chinese Tradition of Policy Research Institutes." In Think Tank Traditions: Policy Research and the Politics of Ideas [M]. Edited by Diane Stone and Andrew Denham, Manchester. New York: Manchester University Press, 2004: 141-162.

[18] GODEMENT F. A Hundred Think Tanks Bloom in China [R]. European Council of Foreign Relations, 2016.

[19] 海南改革发展研究基金会简介 [EB/OL]. [2019-01-20]. http://www.cird.org.cn/jjh/about.htm.

[20] 朱旭峰. 改革开放与当代中国智库 [M]. 北京: 中国人民大学出版社, 2018.

中国特色新型金融企业智库
发展道路探索和研究

黄子恒①

新时代呼唤新使命。习近平总书记在中央外事工作会议上指出,当今世界正处于"百年未有之大变局"。中国已成为这个大变局的突出因素。当前,中国正处于从富起来到强起来的历史跃升期,同时面临着深刻变化的外部环境、日益激烈的大国竞争。无论是打赢三大攻坚战还是全面深化改革;无论是实现经济高质量发展还是创新社会治理;无论是科学研判国际局势、制定对外战略,还是开展国际交流;无论是讲好中国故事、传播中国声音,还是引导国际舆论、维护国家利益,都越来越需要智库发挥重要作用。总之,智库面临更加广阔的时代机遇,肩负着更重要的时代责任。智库需要新发展、提供新思想、展现新作为。

一、中国特色新型智库概述

2013年4月,习近平总书记首次提出建设"中国特色新型智库"的目标,将智库发展视为国家软实力的组成部分,智库建设从此被提升到了国家

---

① 黄子恒,国家开发银行研究院副院长。

战略的高度。党的十八届三中全会提出"加强中国特色新型智库建设，建立健全决策咨询制度"的22字方针，为新时期中国智库建设指明了方向，开启了中国特色新型智库新定位、新职能、新机制的建设道路。

（一）中国特色新型智库的含义和特征

智库，是指由各领域专家和研究人员组成的专门研究咨询机构，主要是为决策者在处理经济、政治、社会、军事、外交等方面问题时出谋划策，提供最优策略方案。其宗旨是基于国家整体利益，在客观严谨的研究基础上形成高质量的研究成果，解决长短期面临的现实问题。中国特色新型智库，是指以战略问题和公共政策为主要研究对象、以服务党和政府科学民主依法决策为宗旨的非营利性研究咨询机构。我们也可以从"中国特色"和"新型"两个方面把握其内涵。所谓中国特色，就是要坚持中国道路、采用中国视角、聚焦中国发展、形成中国模式。新型主要体现在新定位、新机制、新模式三个方面。新型智库不同于传统研究机构，它既需要具有相对独立性引入市场竞争机制、营造宽松的研究氛围，也需要树立"问题导向"的研究模式，提供可靠的、可用的，并可具体操作的政策建议。

从宏观的层面来论述，中国特色新型智库要以我国社会主义政治制度为基础，坚持人民性与科学性相统一，形成高效的组织形式和优化的智库管理方式，以增强国际决策影响力为己任。从微观的层面来论述，中国特色新型智库要呈现中国特色，要做到专业化和职业化，同时要坚持思想创新与成功创新并重。

（二）中国智库的发展阶段

改革开放前，我国的智库主要是效仿"苏联模式"；改革开放后，政府智库向国家建言献策的局面被打破，哲学社会科学的繁荣发展有力推动了中国特色新型智库建设。

我国智库的发展主要经历了三个阶段。第一个阶段是改革开放后至20世纪80年代中期，这一时期的主要特点是官方智库得到了高度重视和快速发展。官方智库系统的研究人员日益增多，规模也迅速扩大，建立了诸如中国社会科学院、国务院发展研究中心等研究机构。第二个阶段是20世纪80年代中期至20世纪末，这一阶段的特点是，官方智库得到了全方位发展，民间智库开始产生。社会主义市场经济体制的确立和中国特色社会主义事业的发展，为民间智库的产生创造了条件，促使部分政府智库人员"下海"创建了中国第一批民间智库。第三个阶段是21世纪至今，智库进入快速建设与自主反思的辩证发展阶段。一方面，官方智库发展成为党和政府决策的主力军；另一方面，民间智库更加平稳发展。随着中国智库的不断发展，各种智库已达数千家，研究成果丰硕，对各级决策发挥了不可替代的作用。

（三）中国特色新型智库建设为意识形态提供治理工具

中国特色新型智库是党和政府科学民主依法决策的重要支撑，是国家治理体系和治理能力现代化的重要内容，是国家软实力的重要组成部分。充分发挥中国特色新型智库服务当代中国意识形态建设的价值，对强化意识形态建设意识、营造意识形态建设氛围、创新意识形态建设方法具有十分重要的理论创新和实践指导意义。

1. 建设中国特色新型智库可以为党和政府开展意识形态建设提供舆情和信息

有效开展意识形态建设，最重要的一点就是掌握意识形态建设的舆情和信息。掌握意识形态建设的舆情，就是了解和掌握人民群众关注的社会热点、人民群众对党和政府工作的认同程度以及人民群众对重大事件的认识和评价等。舆情呈现的是人民群众基本的思想倾向。了解意识形态建设的信息，就是了解和掌握意识形态建设需要关注的重点问题、有意义的消息，如国外意识形态建设的动态、国内外各种社会思潮的动态、有利于和不利于党和政府开展意识形态建设工作的事件与言论等。拓宽舆情和信息的渠道，可以使党和国家的信息收集和整理工作在原有渠道的基础上，增加新的来源。智库还能掌控意识形态信息，使得信息来源更贴近人民群众，更具有广泛性和普遍性。

2. 发挥中国特色新型智库的作用，推动中国意识形态建设方法创新

随着社会的进步和发展，人们思想观念发生了很大变化；网络信息时代，文化传播的渠道发生了巨大变化；在社会主义市场经济推进过程中，人们的价值观念也发生了巨大变化。传统的思想教育方法、意识形态建设方法亟须改革和创新。多年来，党和国家，特别是宣传思想文化系统的领导和干部，对改善和加强新时期意识形态建设、创新意识形态建设方法进行了很多积极而有意义的探索，取得了很多突破性成果。然而，在个别地方和个别领域，仍然存在着意识形态建设方法陈旧、片面、机械、简单、呆板、停滞等问题。面对新形势、新任务、新要求，只有不断创新意识形态建设方法，才能更大范围地凝聚广大人民群众，才能增强意识形态建设活力，达到意识形态建设的最佳效果。智库要发挥作用，为推进新形势下中国特色社会主义意识形态建设出主意、想办法，推动中国意识形态建设方法创新。

3. 中国特色新型智库能够总结意识形态建设成果

当代中国意识形态建设取得了很多标志性成果，马克思主义的指导地位得到巩固，马克思主义中国化的理论成果中国特色社会主义理论体系得以形成，理论自信、道路自信、制度自信、文化自信成为当代中国思想意识的主流，以习近平总书记"全面建成小康社会、全面建设社会主义现代化国家、全面深化改革、全面依法治国、全面从严治党"为总体框架的党中央治国理政思想深入人心。然而，国内各地区、各行业、各部门意识形态建设工作还存在差异性，国外"社会主义和资本主义两种社会形态在制度架构、理想信念、价值取向上的异质性，决定了二者之间包括意识形态在内等各方面的交往、碰撞和斗争在所难免，并且无法回避"。国内外敌对势力的干扰和破坏仍在继续，并随着时代和科技的进步变换着各种方式与手段。中国在全面深化改革

过程中遇到的新情况、新问题仍然困扰和影响着一些人的思想意识，网络信息时代意识形态教育的改革和深入仍然需要不断创新。中国特色新型智库只有完善信息交流功能，促进经验借鉴、成果共享，才能找准差距、弥补不足，从而总结意识形态建设成果和经验。

二、以国家开发银行智库为例的金融企业智库发展道路

2017年9月25日，国家开发银行入选国家高端智库建设培育单位，成为培育单位中唯一的金融企业智库，进一步促进了国家开发银行服务国家战略的自觉性和紧迫性。在国家高端智库理事会的指导下，在其他智库单位的帮助和支持下，在行业领导的高度重视和亲自指挥下，国家开发银行坚持"全行办智库"（38家分行+10个境外代表处）理念，立足企业智库特色和开发性金融机构特点，将智库打造成开发银行服务国家经济重大中长期发展战略的重要平台和创新抓手，通过"融智+融资"模式推动中央和有关部门决策的精准制定和有效实施。

（一）国家开发银行智库的发展现状

国家开发银行在25年的发展历程中，将中国国情与国际先进金融原理相结合，探索走出了一条具有中国特色的开发性金融的发展道路，形成了独特的开发性金融理论体系（发展金融学），开辟了开发性金融支持经济社会发展的新路径。按照中宣部关于建设专业化高端智库的要求和"专、精、尖"发展方向，国家开发银行高端智库建设培育期的目标定位是：初步建成国内领先、国际一流的立足于开发性金融理论与实践，以"融资+融智"服务国家经济重大中长期发展战略的党和国家的金融顾问。

国家开发银行高端智库的主攻方向包括三个方面。一是开发性金融理论创新。充分发挥开发性金融的特点与核心价值，凸显凯恩斯主义货币金融学

与发展经济学及投融资理论的结合,以国家开发银行 25 年实践,推进理念创新和理论突破。二是以开发性金融实践为基础的咨政建言。开展"两基一支"、新型城镇化、产业结构调整、民生、科技、人文、"一带一路"、供给侧结构性改革等《国家开发银行章程》中明确的八大业务领域的投融资模式、前景预期、政策效果评估等实践课题研究,以"融资+融智"支持战略性工程和重大项目。三是以开发性金融实践为基础的国际话语体系建设。运用并传播好理论与实践研究成果,把中国发展理念主张、重大政策举措转化为国外受众听得懂、易接受的表述,推动我国发展理念主张和政策举措在合作国家落地生根,参与国际投融资规则与标准领域理论体系建设,促进国际社会涉华舆论更加积极友善、民意基础更加牢固,为我国经济社会发展赢得更加广阔的国际空间。总之,国家开发银行高端智库不搞大而全,而是更加关注经济金融"短板"领域的重大问题,特别是在市场建设、信用建设投融资方面,与国家开发银行的核心业务相结合。

(二) 国家开发银行智库的体制机制创新

国家开发银行高端智库建设将研究、规划、投融资模式创新紧密结合,发挥集团合成作战的优势,突出总分行、母子公司协同功能。因此,国家开发银行高端智库是全系统智库,即"全行办智库"。

一是突出党管智库,推动国家开发银行高端智库管理制度的逐步落地。2018 年 7 月,第八次国家开发银行党委会审议通过了《国家开发银行高端智库管理办法(试行)》《国家开发银行高端智库专项经费管理实施细则(试行)》《国家开发银行高端智库研究成果奖励管理办法(试行)》《国家开发银行高端智库学术委员会章程(试行)》4 份制度文件,并以国家开发银行党委文件正式印发,由国家开发银行党委代行国家开发银行高端智库理事会职能,充分体现党管智库的精神。

二是整合全行组织机构力量,构建"1+N"研究团队模式。"1"为国家开发银行研究院,"N"为承担高端智库课题研究和核心服务的相关部门,包括政策研究室、规划局等总行23个部门、38个分行、国开金融等4个控股子公司以及10个境外代表处和56个海外工作组。同时,国家开发银行探索试行以首席分析师、项目首席专家等为项目负责人的项目管理方式,逐步形成以首席专家为学术引导,"走出去"和"引进来"相结合,结构合理、优势互补的研究团队。

三是以"小机构、大网络"打造"专家银行"人才队伍。国家开发银行研究院目前在册人员45名,其中在站博士后4名、博士19名、硕士24名、高级及以上职称14人,具备一定学术水平的青年骨干有30多名,已经形成了梯队合理的专职研究团队。研究院还设有高端智库培育办公室,专职负责智库组织、协调与推动工作。国家开发银行先后招录5批共13名博士后研究人员,积极建设博士后工作站。国际人才方面,共有535名员工常驻海外工作(近一半驻在"一带一路"沿线国家和地区),国际业务人才库共2530人(约占全行总人数的27%),形成了一支素质过硬、作风优良、敢打硬仗的国际业务骨干队伍。同时,国家开发银行还搭建了规模数量大、领域覆盖全、来源渠道广、专业水准高的外部专家资源库。国家开发银行现有在库专家8400多名,其中院士196人。

四是立足国家开发银行实际,制定与智库建设要求相适应的智库管理制度。在机构考核方面,国家开发银行创新性地推动考核机制的落地。将研究咨询服务纳入国家开发银行绩效考核体系,设置创新产品考核指标,推动总分行联动的智库建设体制机制建设;同时,研究制定受委托课题管理办法,会同人事局推动考核标准系统落地。在人员激励方面,开创性地制定了奖励制度,对全行研究人员创造的智力成果给予不同等级的物质奖励。同时,将智库奖励纳入工资总额统一管理,通过采用国家开发银行已有的创新成果奖励方式的实施,有效提升成果奖励的合规性及可操作性。在经费管理和使用方面,灵活性和原则性相结合。没有按照国家开发银行惯用的"进大账,收支两条线"的财会处理程序,而是采取挂账处理,确保专款专用,独立核算,为经费的使用提供了一定的灵活性。国家开发银行逐步细化高端智库专项经费的预算管理、开支审批及经费支付的标准和流程,规范了专家咨询、国际交流、资料等经费的使用。在出国管理方面,2018年5月,国家开发银行做了新尝试,智库相关任务的年度出访计划不列入因公临时出国批次限量管理范围。

五是利用地方分行银政合作机制,推动智库与智库、国家智库与地方智库合作体系建设,发挥服务战略作用。国家开发银行与苏州市政府、西交利物浦大学合作创建"西浦新时代发展研究院",共同打造"立足苏州、面向长三角、放眼全球"的苏州特色新型智库,为形成地方智库合作体系先行先试;与中国宏观院积极推进"长江经济带绿色高质量发展智库联盟""长三角一体化智库联盟"建设工作;与上海社会科学院合作,在陆家嘴论坛,连续3年发布《上海国际金融中心年度发展报告》,得到上海市领导高度肯定;与军事科学院等合作推动设立军民融合智库委员会。

六是整合行内外资源,创建"国家开发银行智库系统"。系统一期为面向国际业务的专题应用,数据主要来自500多名常驻海外员工采集的海外一线国情、社情和企情数据资料。该系统显著提升了国家开发银行在国际业务,尤其是"一带一路"领域的信息采集和分析能力,成为国内少有的海外研究信息平台,为国家开发银行发挥智库作用提供了有力支撑。2018年底,该系统应外交部要求与外交部办公系统实现网络联通,直接服务外交部领导。

七是推动《开发性金融研究》期刊建设,提升智库学术影响力。期刊被CNKI中国学术期刊网络出版总库、国家图书馆、国内300余所高校等单位收录。

(三)国家开发银行智库的重要成果

国家开发银行智库充分利用作为全球最大的开发性金融机构的国际影响力,做了两件大事:一是"请进来",二是"走出去"。

"请进来"方面，2018年11月1—2日，国家开发银行智库成功筹办了"改革开放与中国扶贫国际论坛"。此次论坛是经中央领导批准，由中宣部、财政部、国务院扶贫办和世界银行联合主办，由国家开发银行、中国社会科学院国家全球战略智库、中国国际扶贫中心承办。国家主席习近平、联合国秘书长古特雷斯分别发来贺信，中宣部部长黄坤明、世界银行行长金墉、联合国副秘书长施泰纳发表主旨演讲，11个国际组织和51个国家的政界人士、智库学者、企业领袖以及其他各方代表400余人参加了会议。此次论坛的一个突出亮点是，在会前组织外方嘉宾赴广东深圳、河南、贵州和宁夏等改革开放受益明显和脱贫成效显著的地区进行现场参观考察；通过进村入户、与贫困群众互动等形式，让外方嘉宾深入基层扶贫点，在实地走访中真实、立体、全面感受中国改革开放和脱贫攻坚的巨大变化，达到百闻不如一见的良好效果。会后，汪洋同志对论坛成果和经验给予了肯定性批示。

"走出去"方面，国家开发银行智库与联合国开发计划署、工业发展组织等联合国机构长期保持密切合作。2017年，在中国政府与联合国开发计划署共同推进"一带一路"建设行动计划框架下，国家开发银行与联合国开发计划署联合发布了《"一带一路"经济发展报告（2017）》。2018年以来，为了更好地发挥国家开发银行的"融资+融智"优势和联合国开发计划署的国别网络、专家资源优势，与联合国机构加强在发展领域和共建"一带一路"方面的合作，国家开发银行智库在国家发展改革委的指导下，在国家开发银行和联合国开发计划署的共同努力下，国家发展改革委与联合国开发计划署共同发起"一带一路"创新发展平台建设项目，授权国家开发银行智库以项目"一带一路"创新发展中心名义执行，并列入第二届"一带一路"国际合作高峰论坛成果清单。国家开发银行智库还参与了"一带一路"国际智库合作委员会建设。

作为金砖国家智库合作中方理事会副理事长单位，国家开发银行智库还承办了金砖国家智库分论坛，连续2年发布《金砖国家可持续发展报告》；与世界银行共同发起设立"对非投资智库联盟";在 2018 年中非合作论坛北京峰会期间,参加中非领导人与工商界代表高层对话会暨第六届中非企业家大会,并主持中非 CEO 高层对话会;在 2018 年博鳌论坛上,主持"'一带一路':成功经验与案例分享"圆桌闭门会,发挥智库影响力。

在理论研究和咨政建言方面,国家开发银行智库同样注重突出企业智库的特点和专业化优势,从实践中来,到实践中去。一方面,从自身发展实践出发开展开发性理论创新。例如,2019 年 5 月 28 日,国家开发银行研究院联合法国开发署、北京大学举办了开发性金融国际研讨会,围绕基于国家开发银行实践的开发性金融理论进行了国际交流。另一方面,政策研究突出服务决策的实效。作为落实国家脱贫攻坚、棚改、养老、乡村振兴、"一带一路"倡议等国家重大战略的主力银行,国家开发银行直接参与了国家重大决策的制定和实施,发挥了企业智库独特的研究成果实践转化功能。

(四) 国家开发银行智库面临的主要问题

作为国家高端智库建设培育单位中唯一的金融企业智库,国家开发银行智库的"转正"将进一步提升其服务国家政治、经济、外交大局的能力和软实力,强化融智(智库)服务功能,提高党建引领业务发展的水平,为新时代开发银行深化改革和业务转型提供重要机遇。与国内其他国家高端智库不同,国家开发银行整体不是从事研究的专职机构,现有的体制机制还不能满足未来高端智库建设的需要;与世界银行等具有强大发展政策咨询职能的开发性金融机构相比,国家开发银行距离建设国际领先、国内一流的金融企业智库还存在明显差距。虽然国家开发银行的资金规模已达 16 万亿元人民币,但是如何整合利用国家开发银行现有资源将智库做强做精还需要进一步探索。

首先,对智库的理解和认识还存在不统一和不到位之处。根据联合国开发计划署的定义,智库是从事与公共政策相关的研究和倡议的组织。智库的理论渊源可追溯到古希腊亚里士多德关于"知识与权力"的论述。在西方国家，智库作为行政、立法、司法和媒体之外的"第五种权力"，在复杂的公共事务治理中起到沟通和整合作用。智库是连接公共权力与知识理论的桥梁。从中央层面看，办智库的根本意义在于提供决策服务、协助国家治理和提升文化软实力。从国家开发银行层面看，一方面智库建设将进一步强化国家开发银行的融智（智库）服务功能；另一方面智库提升资政建言的能力使开发性金融理论转化为可操作的标准和依据，为国家开发银行提供良好的政策环境。

其次，智库的研究质量和供适所需能力还有待提升。在智库培育单位中，国家开发银行上报中宣部主办的、直送中央领导的《国家高端智库报告》的采纳率相对较低。从中央对高端智库的要求来看，国家开发银行前瞻性、储备性研究不足，有深度、有分量、有重大决策影响的标志性成果还不够。在资源整合上，智库产品纳入分行创新产品考核尚处于起步期，"1+N"的研究团队模式和以课题/项目组为载体的首席专家负责制的扁平化课题管理方式有待探索实践。总行各部门之间智库工作成果的整合与智库信息共享机制尚需建立和完善。在成果报送渠道上，国家开发银行自有的《国家开发银行简报》上报咨询研究类报告的比例以及获得党和国家领导人肯定性批示的数量还有待提升。

最后，国家开发银行尚未形成相对成熟的，既符合实际又符合决策咨询规律、体现智库特点的行之有效的体制机制。一是在内部治理上，国家开发银行已初步建立了由党委会代行智库理事会决策、学术委员会把关、首席专家领衔负责的内部治理机制，但从落地进度来看，与国家开发银行智库建设的发展需要还存在一定差距。二是在人才激励上，尽管《国家开发银行高端智库研究成果奖励管理办法（试行）》首次对全行研究人员个人实行物质奖励做了创新性的制度安排，但由于实施进度的时滞性和宣介效果的有限性等原因，该政策尚未发挥应有的激励效果。三是在经费管理上，自培育期以来，国家开发银行高端智库专项经费累计入账 740 万元，但是出于合规性考虑及配套落地制度的滞后性原因，目前尚未使用。智库经费管理制度和国家开发银行财务体系还需要在实际操作中相互磨合。四是在人才引进和培养上，一些急需的高精尖专业人才的引进和决策咨询人才的培养还有待加强；专业职务晋升考评机制有待完善，研究型人才职业成长通道有待优化；外部专家使用的灵活性有待提高，已退休的老专家作用还需进一步发挥。

三、推动中国特色新型金融企业智库建设的对策与建议

（一）建立完善体制机制

智库参与决策制度化，是中国特色新型金融企业智库建设的首要条件，是民主决策的应有内容。智库参与决策制度化可以筑牢智库存在的政策基础，促进智库的良性发展。过去，金融企业决策没有形成常规化的决策咨询，没有形成智库参与进来的程序设计和制度性安排，导致智库参与决策的刚性不足、对智库的利用不够。现代决策的科学性、专业性和系统性日益增强，迫切需要将"谋"与"断"分离开来，在政策层面上将智库引入公共决策过程之中，将公共智慧吸纳进来，逐步建立公开、透明、开放的公共决策制度。要建立健全金融企业研究成果信息共享机制。积极整合金融企业信息成果资源，将金融企业各部门的成果整合形成智库报告。通过信息共享，将金融企业智力成果汇总集中，形成智库研究的合力，并有效提升智库研究水平。

（二）积极推动创新研究方法和内容

在创新研究方法方面，一是掌握现代化研究手段，对大数据进行有效收集、储存、分析和利用；减少定性研究，加大定量研究。二是开展协同研究，改变单兵作战的研究模式，打破体制政策学科壁垒，组建跨体制、跨部门、

跨学科的研究团队，进行综合研究协同攻关。三是注重调查研究，深入基层获取一手资料，防止闭门造车、纸上谈兵。

在创新研究内容方面，一要"红"。"红"就是要求智库坚持党的领导、提高政治觉悟，站稳政治立场，紧跟政治方向，以问题为导向、以人民为中心进行研究。智库不仅为金融企业提供政策建议，更要具有宣传思想、传播观点、引导舆论的功能。二要"广"。金融企业涉及领域非常广泛，每个领域都不是孤立的，而是相互联系、相互影响的，往往牵一发而动全身。智库要建立较为全面的学科体系、拥有各领域的研究人才、在各个方面展开深入研究，为金融企业治理提供更科学的咨询。三要"专"。"专"是针对人才而言的。不专则不深，不深则难以形成自己的核心竞争力难以为金融企业提供有见地的建议、有价值的资政。

（三）加强智库间的合作

随着中央对智库建设的高度重视以及相关政策文件的出台，中国特色新型智库要做到专、精、尖，要不断提高专业化水平，形成特色和品牌。智库的专业化发展，意味着需要智库间更广泛的合作。例如，国家开发银行和上海社会科学院连续3年合作完成《上海国际金融中心年度发展报告》，前两份报告已在陆家嘴论坛发布。国家开发银行还和深圳综研院保持密切合作关系，共同开展开发区建设研究。又如，为落实好党中央对长江经济带的高质量绿色发展要求，解决沿江11个省市发展面临的突出问题，国家开发银行联合国家发展改革委宏观经济院共同发起成立"长江经济带高质量绿色发展智库联盟"。该联盟整合长江经济带11个省市发展改革系统科研院所和国家开发银行分支机构优势力量，全面深入分析推动长江经济带高质量发展面临的共性问题和关键性问题，为事关长江经济带绿色发展、高质量发展重大政策、重大工程、重大项目提供决策咨询服务，为将长江经济带建设成为全国高质量发展示范区提供强大的智力支持。

总之，当前，我们面对繁重艰巨的改革发展任务和错综复杂的外部环境，如何破解发展难题，既做到有全局视野和战略思维，又做到针对性强和富有深度，就需要国内智库联起手来。一是避免研究的重复性和碎片化；二是各取所长，优势互补，形成研究合力，产出高质量的思想产品，以应对新时代的新任务和新挑战。

（四）加强国际合作和交流宣传

在国际合作方面，要立足智库自身的专业优势构建国际合作网络。国家开发银行作为首届主办单位参与了亚洲金融协会首席经济学家合作委员会，即亚洲金融智库（AFTT）的建设。该智库由来自亚洲、欧洲、美洲、大洋洲、非洲的27个国家和地区的80家金融机构的首席经济学家或研究部门主管组成，横跨银行、证券、保险等多个行业，研究方向覆盖多领域。AFTT坚持高点起步、国际标准、亚洲特色，在推动金融创新发展、亚洲金融合作、亚洲基础设施互联互通、长三角城市群建设、粤港澳大湾区建设、"一带一路"建设等方面发挥了应有的作用。

在国际交流宣传方面，应更加注重用"事实"说话，通过"工笔画"而非"写意画"的方式，用国际语言讲述好实实在在的案例和故事。国家开发银行筹办的"改革开放与中国扶贫国际论坛"，就是通过在会前组织"城市+扶贫点"的实地考察方式，让国际友人切身感受和体会我国改革开放40多年的变化和中国实现8亿人脱贫的成就，这种"请进来"再"讲出去"，是一种很好的国际宣传手段。

展望改革开放新进程

世界新变局及中国的应对[1]

林毅夫[2]

一、关于中美贸易摩擦

中美贸易摩擦，主要问题不是贸易，而是美国想抑制中国的发展。

贸易应该是双赢的，美国向中国进口商品非常多，但多是美国早已不生产而国内有需求的商品，或者是美国国内还能生产但价格比中国高、质量不如中国的东西。既然你自己不生产，或者是别人的产品物美价廉，那么从中国购买商品对美国当然是有利的。同样地，中国也会向美国购买商品，对中国也是有利的。贸易是双赢，具有一般常识的人都会接受这个看法。

美国的问题是什么？美国的问题是贸易逆差非常大，它对全世界100多个国家有逆差，包括中国。众所周知，一个国家贸易逆差的主要原因是国内消费太多、储蓄不足。美国对欧洲国家、日本、韩国，也包括对我们（中国），以逆差为名征收了高关税。结果美国逆差不仅没减少，在2018年反而增加了12.1%，对中国的逆差增加了11.7%，与其想消除逆差的结果正好相反。

---

[1] 本文刊发在《开放导报》2019年第3期。
[2] 林毅夫，北京大学新结构经济学研究院院长、国家发展研究院名誉院长。

外国企业到中国来投资，除了带来资金，还带来技术和管理经验等，双方的投资是一种合作行为。美国企业到中国来投资是想利用中国的优势生产产品以进入国际市场，或是想进入中国市场。如果它想用中国的优势生产产品出口，它不用最好的技术在中国生产，生产出来的产品出口到国际上有竞争力吗？如果它是为了进入中国市场，不用最好的技术在中国生产，它的产品在中国国内市场有竞争力吗？当然是没竞争力。以汽车为例，中国现在是全世界最大的汽车生产国，每年生产 3000 万辆，也是最大的汽车消费市场，每年消费也将近 3000 万辆。有美国的品牌，也有德国、日本、韩国的品牌。在这么大的市场上，如果美国通用、福特这些企业到中国来投资不用最新的技术生产最好的产品，它们怎么跟日本的汽车、德国的汽车、韩国的汽车竞争？现在美国这些大汽车生产商在中国生产的汽车，比在美国本土生产的汽车还多，其主要的利润来自中国。

曾经担任世界银行首席经济学家、美国财政部部长、哈佛大学校长的劳伦斯·萨默斯说，中国这些年的技术进步，只能是中国自己的努力取得的。我想这是一个公允的论断。

二、中美贸易摩擦会持续多久，是否会演变成热战

诺贝尔经济学奖获得者斯蒂格利茨写了一篇文章，说中美贸易争端要想消除，唯一的可能性是中国放弃发展的权利。但是中国不会放弃。美国是否会利用它的霸权优势将中美贸易摩擦升级为热战？这一点我个人认为应该不至于。

那么冷战会持续多久？我想会持续到，按照市场汇率计算，我国的经济规模是美国的 2 倍；按照购买力平价计算，我国的经济规模是美国的 3 倍之时。目前来看，按照市场汇率计算，我国的经济规模是美国的 2/3；按照购买力平价计算，我国的经济规模在 2014 年已经超过美国，是美国的 110% ~

120%。但总体来讲，美国在高科技产业、军事力量上还是比我国强，美国是想利用现有优势来抑制中国的发展。

但只要我国经济继续发展，其规模按市场汇率计算达到美国的 2 倍时，全国人均 GDP 按照市场汇率计算将是美国的 50%。届时会有北京、上海、广州、深圳等一线城市，以及东部沿海地区，约 3 亿多人的人均 GDP 达到像德国、日本，甚至美国的水平。这 3 亿多人跟美国的人口规模一样大了，如果按照市场汇率计算，这些人的收入水平跟美国一样高，其经济基础、产业、技术水平就能达到美国的程度。也就是说，从总体来看，这 3 亿多人就跟美国现在的优势拉平了。那我们还有将近 10 亿人，这 10 亿人如果按照市场汇率计算，也还有美国那么大的经济规模。到了这个时候，我国的总体规模、实力和影响力就会比美国大多了。我想，那时候美国就会明白，继续制造争端不可能改变中国比美国强的现实，应当转为走和平共处、共同发展的道路。

这一点从中国和日本 2010 年以后的关系演化来看就相当清楚了。2010 年后，按照市场汇率计算，我国的经济规模超过日本。日本原来是亚洲经济的盟主，突然间发现中国的经济规模超过自己了，心里难免有一点失落感，不容易适应，所以起初也在钓鱼岛等问题上制造与中国的摩擦，有一段时间两国关系比较紧张。可是按照市场汇率计算，我们的经济规模现在已经是日本的 2 倍多了。日本也想明白了，这个基本格局是不可能逆转的。所以，为了国内经济发展，中日关系也改善了。同理，到那时候美国也会如此。

从 1895 年美国经济规模超过英国，成为世界第一大经济体以后的 100 多年间，美国把其他国家远远甩在了后面。以往要是有其他国家追上来，达到美国经济总量的 60%~70%，美国就想方设法抑制这个国家的发展。现在美国想故伎重演，对中国是不起作用的，因为中国有 5000 年文化的优势，有 14 亿人为中华民族的伟大复兴贡献力量，有我们党、国家的坚强领导。只要我们充分发挥自身优势，中国的经济规模，按照市场汇率计算不仅会赶上甚至超越美国，而且会与其拉开距离，到那时就会结束冷战状态，恢复友好合作关系。当然，其中最重要的，是我们必须有长期应对摩擦的心理准备。

三、中国的应对之策

我国最重要的是保持定力，继续深化改革开放，把我国发展的潜力和优势发挥出来，同时让中国的发展机遇与全世界人民共享。对美国的挑战我们不能畏惧，对其提出的措施应予以反制，在中国发展的权利上绝对不能妥协。贸易摩擦虽有损于中国，但美国会同蒙其害。损害的绝对量中国可能大一点，但是相对量美国会比中国大。现在如果美国对中国的 5000 多亿美元产品都征以 25% 的关税，会有多大影响呢？一些分析认为，中国经济增长速度大概会下降 0.5%，美国的增长速度会下降 0.3%，看起来比我国下降幅度小。但我们知道，按照国际货币基金组织的预测，美国在 2019 年的经济增长速度为 2.5%，如果下降 0.3% 的话，从相对量来讲，美国要损失 12%。中国的增长速度政府提出的是 6.0%~6.5%，我估计应该比较接近 6.5%，即使下降 0.5%，那我国的损失也只有 8%。美国增长率损失 12%，中国损失 8%，所以相对量上美国比我国的损失大。

更重要的是我们自身的发展。发展的根本道理是收入水平不断提高。收入水平不断提高，需要技术不断创新、产业不断升级，所以我们要做各种努力和安排，继续推进技术创新、产业升级。不同产业所需要的努力和安排是不一样的。我国现在有些产业已经处在世界前沿，像科学研究和技术服业中的华为、大疆、腾讯，像家电产业中的美的、格力、TCL 等，这些都是在世界领先的，要继续发展必须靠自主研发。还有些新技术，像人工智能、大数据等，这些领域发达国家才刚刚开始，我们起步也差不多，同样必须下大力气自主研发。要自主研发，就必须有相应的基础科研，有风险资金的支持，有知识产权保护。同时，我们也应看到，2018 年我国人均 GDP 为 9600 美元，发达国家为 3 万~5 万美元，美国已经达到 62000 美元，这意味着什么？意味着我国现有绝大多数产业的技术和附加值的总体水平与发达国家相比还有很大的差距,还可以利用后来者优势推进技术的进步和产业升级。

我国还要继续深化改革,实现党的十八届三中全会提出的,让市场在资源配置中起决定性作用,发挥好政府的作用。同时,开放是非常重要的,1978年以后中国能够发展得这么快,就是充分利用国内、国际的两个市场、两种资源。随着我国的发展程度越来越高,资本跟技术的密集度会越来越高,规模经济也会越来越大。实现这样的规模经济,单单依靠国内的市场是不够的,必须进入全球市场。发展也必须利用两种资源,这两种资源中不仅包括自然资源,还包括人才、资本、技术资源。我们要有自主研发的精神,但并不是什么东西都自主研发。如果国外有比较好的产品、比较好的技术,我们还是要充分利用国际上比较好的产品、比较好的技术。这样充分利用国内、国际两个市场,充分利用国内、国际两种资源,中国的发展就会越来越快,中国的发展也会给其他国家带来市场和共同发展的机遇。

展望未来,我认为,从现在到2030年,我国有每年8%的增长潜力,实际能实现6%左右的增长;2030—2040年,增长潜力应该在6%左右,实际能实现的增长应该在5%左右;2040—2050年,增长潜力每年还有5%,实际能实现的增长应该在4%左右。如果能够实现这样的增长,中国在未来每年还会对全世界贡献至少25%,甚至30%的增长。中国市场在不断扩张,中国也会给其他国家的发展带来契机。2008年国际金融危机爆发以后,德国复苏的最快。根据诺贝尔经济学奖得主斯宾塞的研究,德国的经济增长奇迹背后,是中国的快速发展带动的。所以,只要我国继续扩大开放,中国经济的增长就会带来其他国家的增长。我相信每个国家的企业、人民和政府,都希望能发展得更好,人民的幸福感能不断增强。中国的发展会给它们的企业带来市场和利润,给它们的国家带来就业和收入的增长,它们也会乐于支持我国的发展。我想,美国的企业和人民也是一样的,现在财富500强的企业中,美国企业最多,它们如果想继续保持财富500强的地位,必须有中国的市场。美国的老百姓希望有更多的就业，享受到廉价物美的商品，中国是其主要来源，美国的企业和人民也会有积极性和我国保持良好的关系。

所以，我们要坚持改革开放、完善体制，发挥我国的增长潜力，实现高质量发展，无论遇到任何惊涛骇浪，我们都能够实现中华民族伟大复兴的中国梦，而且中国的复兴会给其他国家的发展带来机遇，实现人类命运共同体的共同繁荣。

将中国改革开放的现代化伟业进行到底
——庆祝改革开放 40 周年

贾 康①

依 1978 年党的十一届三中全会计，改革开放迎来了 40 周年。全面深刻地认识和继续实质性地推进改革开放，事关国家的前途、民族的命运、人民的福祉。笔者秉持"天下兴亡，匹夫有责"的社会责任意识，就此做简要的考察与讨论。

一、改革开放的伟大历史意义

自工业革命发生，中国在世界上便迅速落伍，只是当时的中国人还浑然不觉，兀自陶醉于所谓"康乾盛世"的"落日辉煌"之中。1840 年，第一次鸦片战争爆发，中国这个世界上唯一的"古老文明没有中断的国度"，颓态毕现，自此一路积贫积弱，沦陷在被欺凌、被瓜分的危局中，经中日甲午海战惨败、戊戌维新速夭、八国联军洗劫之后，在 20 世纪百年间，终于有三件大事依次发生：辛亥革命推翻千年帝制；继救亡图存的抗战胜利后，1949 年中华人民共和国成立；20 世纪 70 年代末，实行改革开放，进入现代化建设新时

---

① 贾康，华夏新供给经济学研究院首席经济学家，中国财政科学研究院研究员、博士生导师。

期。正是在改革开放中,中国人终于得到了一个谨慎乐观的前瞻:近两百年来无数仁人志士追求、期盼和为之献身的伟大民族复兴的愿景"从未如此接近"。中国改革开放正在为古老中华注入新生的活力,也将强有力地影响作为"人类命运共同体"的整个世界。

正如科斯生前所评,中国的奋斗也是世界的奋斗。在最主要的相关经济体"你追我赶式"大国崛起的世界发展历程中,中国的现代化,有望成为最典型的"和平崛起"、与竞争方"共赢"的文明升级案例。

中国目前所处的可进而联通实现社会主义现代化和中华民族伟大复兴的这一历史新起点,是在充满曲折坎坷、血泪歌哭、牺牲磨难、前赴后继而不懈奋斗的一百余年之后,决定性地拜改革开放之功而得以达到的——在前人的努力中,从不缺少悲壮、激越、舍身成仁、慷慨取义和惊天动地的英勇行为,但在使人民富裕、国家强盛的成效方面,却从未像改革开放 40 年这般,使复兴之路越走越宽、改革成果举世瞩目。作为世界第一人口大国,中国的经济总量从改革开放初期的全球第十位之后,已一升再升而达到第二位,人均国民收入则从原来的仅数百美元,不断增长至 8000 美元以上,成为世界银行可比口径的"上中等收入"经济体,并有希望在未来 10 年内跨越"中等收入陷阱"而成长为高收入经济体。邓小平同志在改革开放之初高瞻远瞩谋划的中国实现现代化的"三步走"宏伟战略目标,在前两步已提前实现之后,未来很有希望先以"全面小康"为阶段性节点,后以综合国力、软硬实力的可持续提升为现实支撑,在中华人民共和国成立 100 周年之际,落实于中华民族伟大复兴的中国梦的实现。

在时光流逝中,我们可日益清晰地看到,中国改革开放的伟大历史意义在于:回归到人本主义立场上,基于对"文革"十年浩劫的拨乱反正,以及对于传统体制弊病的深刻反思,牢牢把握现代化之路的正确大方向,紧紧抓牢不可错失的战略机遇,使我们得以找到正确的经济社会发展激励机制,将各种潜藏的积极因素释放,使中国社会大踏步地跟上时代,令这艘巨轮迅速驶上人类社会文明发展的主航道,并以超常规的发展来造福于中国和世界人民。

事实胜于雄辩,实践检验真理。在浩浩荡荡的世界发展潮流中,中国人以改革开放的壮举,极其明显地缩小了与现代化前沿国家的距离,在追赶文明发展潮头的过程中,顺应"大道之行"的客观规律,于创新中实现包容性增长。正如习近平总书记所说,改革开放成为中国实现现代化的"关键一招"。

二、已有的巨大进步,前行的任重道远

改革开放为中国经济社会带来的巨大进步,鲜明地表现在但又不仅限于经济总量、人均收入等方面,这种进步是与物质、精神、政治、文化、生态等多维度文明的推陈出新、再造提升息息相关和紧密结合的。已有论者(如旭东)试图总结党的领导人在这一历史进程中做出的贡献与进步。这些贡献与进步包括以下几个方面。

(1)解放思想、实事求是这一基本方针,体现了马克思主义的精髓,指导着国人冲决原来本本主义盛行、条条框框充斥、思想观念僵化的状态,可谓惊天动地、振聋发聩,是中国真正走向现代化的基础性、先决性的伟大转折。尽管对于如何进一步解放思想,仍然"七嘴八舌,见仁见智",思想解放中当然不可避免地还会表现出"鱼龙混杂,泥沙俱下",但这是历史进步的题中应有之义和关键性的前提。

(2)以市场化为取向推进经济体制改革。邓小平发表南方谈话,党的十四大确立社会主义市场经济目标模式,鼓励多种经济成分共同发展、实施多种放权简政措施,打开无数微观主体发挥聪明才智的潜力空间,极大地解放生产力,显著地提高供给体系质量和效率,从而使神州大地迅速改变种种落后状态,旧貌换新颜,实力大增。

（3）明确贫穷不是社会主义，国家要以经济建设为中心，强调这一基本路线100年不动摇，使得社会从无休止的政治运动转为"聚精会神搞建设，一心一意谋发展"，务实以实干兴邦，创新而新意迭出，摒弃平均主义"大锅饭"，允许一部分人、一部分地区先富起来，并进而追求共同富裕，使物质利益原则和致富努力，与承认私有产权保护等社会的投资、创业环境相得益彰，"加快致富步伐"成为积极和正面的词汇，落实到人民群众对美好生活的向往和全社会广泛的实干行为中。

（4）认定闭关锁国死路一条，实行开放，走向世界，在国际合作与竞争中抓住"和平与发展"的时代主题和战略机遇；相应地，在外交思想上实现重大调整，从意识形态标签第一转变为国家利益第一，使中国有望从意识形态高热的国家转为走向正常的国家，也使得中国从边缘国家逐步地卓有成效地走向世界政治的中心。

（5）在坚持基本政治原则的前提下，推法治、讲稳定、限特权、优治理，允许文学艺术领域的多样化、社会成员偏好的多元化、基层社会管理的自治化，使社会组织和运行走向现代化轨道。

（6）强调尊重知识，尊重人才，恢复高考，发展教育，振兴科技，走创新型国家道路，使科技"第一生产力"和"创新发展"成为推动现代化的有力引擎。

正是以上简要提及的改革新时期的巨大进步，引出了40年建设发展有目共睹的巨大成就。我们有充分的理由为此感到欢欣鼓舞！

同时，中国已进入改革的深水区，深化改革的难度提高，把难啃的硬骨头啃下来，其挑战性有目共睹。

中国的改革是"行百里者半九十"的长跑，我们尚在半途，前行之路，可谓任重道远。中国的经济总量已全球第二，但如何加快发展方式的转变升级，尚未解决；改革启动了使许多人受益的创富运动，但如何很好地普惠于全体社会成员，尚未解决；在全面法治化取向下，发扬人民民主的要求十分明确，但如何真正形成公平正义的民主法治社会，还存在很多难题尚未解决；改革必须坚持市场取向和物质利益原则，形成充分的激励政策，但如何有效地矫正"市场失灵"，仍有一系列问题尚未解决；允许一部分人、一部分地区先富起来，符合事物发展的客观规律，但"先富"势头形成之后如何很好地调节个人、区域间的收入分配差异，有效推进"共富"进程，尚未解决；政府积极运用产业政策、技术经济政策以更好、更有作为地发挥其职能作用，确有必要，但以什么样的机制施行好这种政策措施而防止权力的任性与扭曲，尚未解决；领导干部"职务终身制"的废止，十分值得肯定，但领导干部的"待遇终身制"如何改变，尚未解决……

当下需要清醒地意识到，我国现在仍然是一个发展中国家，虽然是新兴经济体的领头雁，但是在总体综合评判上，总量并不能说明关键问题。所以，必须强调，中国今后的现代化，主要是面对一个质的挑战。具有关键性的、决定性意义的是质量——发展方式转变、经济社会转轨中的增长质量，而且认识和评价这个质量，要进一步推升到整个民众所认同的、带有幸福感和人文评判特征的，以及其他相关文明因素相融合的一种综合考量上。

在"长跑"中不失时机地解决一系列挑战性问题，正是我们在庆祝改革开放40周年时所面对的历史性考验。

三、改革发展现阶段的四个基本特征

观察近年来中国的改革发展，可总结如下四个方面的特征。

第一，"发展阶段转变"和"矛盾凸显"相交织。

我国仍然处于"可以大有作为的战略机遇期"，在30余年高速增长、成为中等收入经济体后正合乎一般规律地转向"新常态"的新起点，经济增长基数在今非昔比的"大规模"特征下速度不可能延续"两位数"高速增长状况，正在转为"中高速"，然而继续发展的底气和市场成长的巨大潜力，仍在各大经济体中首屈一指，不论是大城市，还是中小城镇和农村区域，触目所及的建设场景，令人印象深刻。

但与此同时，来自资源、环境的矛盾制约和来自人际关系的矛盾制约，日趋明显：某些地方扩大建成区的拆迁和新上马的重化工项目，一而再、再而三遇到民众的强烈反对；进入中等收入阶段后，收入分配问题更为凸显，差距扩大、分配不公问题不可忽视。

第二，经济运行中的"下行因素"和"上行因素"在对冲。

中国经济"潜在增长率"已在"下台阶"，从10%左右下行到6.5%~7.0%，"新常态"的"新"已明确，而"常"还有待达到，即还未像模像样地完成触底企稳。相关的"下行因素"包括劳动力成本上升、人口红利即将消失、老龄化社会压力正迅速到来、较高基数上投资"报酬递减"的影响、实体经济升级换代的难度加大，等等。

可以对冲"下行因素"的若干"上行因素"，是最值得我们重视与争取的，这些"上行因素"包括新型城镇化红利（"动力源"需求释放引发的"成长引擎"效应）、科技创新红利（走创新型国家道路，跟上"第三次产业革命"大潮激发科技"第一生产力"的乘数效应）、社会管理红利（在社区治理、非营利机构和志愿者组织成长等方面的基层自治、社会和谐、兴利除弊效应）。这些红利能够如愿释放出来的关键，是实质性"攻坚克难"的改革能否不停留于口号而变为现实。

已经受一系列改革洗礼但仍存在艰巨改革任务的国有企业和业已壮大的民间资本、社会资金，以及可随之调动的民间智慧、潜能和活力，必须依托改革贡献其"正能量"。新一轮价税财联动改革、投融资改革、国企国资体系改革和行政、司法改革等，无可回避。"下行因素"和"上行因素"对冲之后，我们应争取长时间实现6.5%~7.0%年均速度的中高速增长，打造出结构优化的增长质量"升级"。

第三，深化改革的努力和既得利益的阻力相博弈。

自党的十一届三中全会开始，到邓小平发表南方谈话，再到加入世界贸易组织，一系列改革创新开创了生产力解放和国家现代化的新时代，但渐进改革中既得利益也渐成局面，虽然自20世纪90年代后深化改革、加快转型被一直强调，但在"利益固化的藩篱"面前步履维艰。

在深化改革努力与既得利益阻力的博弈背后，是改革与社会"矛盾累积"问题的赛跑。化解既得利益阻碍，是改革的最难之处，也是我们必须面对和交出答卷的历史性考验。

追求可持续增长和民族伟大复兴的关键在于进一步解放生产力。以创新发展驱动带来的"动力转型"，以供给侧结构性改革带来的升级提质，将是决定我国能否合格地应对挑战、掌握机遇的关键。

四、全面改革中攻坚克难的压力、动力与可用经验

在改革开放40年之后，中国改革已进入了"深水区"，阻力前所未有，所有"帕累托改进"式的"只有人受益而不会有人受损"的改革事项都已做完，现任何一项深化改革的任务都会面临既得利益的"固化藩篱"形成的强有力的障碍，而且各项改革大都已经深度关联交织，"牵一发而动全身"，过去在局部发力寻求突破就可以改观全局的空间，已明显收窄，更多、更大的考验，正集中于"全面改革"这个基本概念上。

"全面深化改革决定可持续增长"，这是在关乎社会主义现代化和中华民族伟大复兴命运的经济社会转轨"未完成"，而攻坚克难的改革势不可免的情况下，必须确立的重要认识和关键要领。

与20世纪80—90年代相比，我们今天的改革环境和任务已极大不同，然而中国经济社会的转轨仍在进行中。进入"深水区"，有些"石头"可能摸不到了，显然需要更高水平的顶层规划，党的十八大以来的历届全会，提供了社会高度关注、迫切需要的顶层规划性质的方针指导。

从压力来看,当下阶段的改革深化与攻坚克难,有"矛盾累积、隐患迭加"的风险,在问题导向和形势逼迫之下,我们只能奋力向前涉险滩、啃硬骨头,"壮士断腕"般攻坚克难,力求在新的历史起点上继续大踏步地跟上时代。

从动力来看,改革的复杂程度和推进难度,正应得上"行百里者半九十"这句老话。在认识、适应经济新常态的同时,至关重要的是必须能动地引领它。供给侧结构性改革正是沿着20世纪80年代从制度供给入手推动全局的基本逻辑和创新发展规律,继往开来并升级式地寻求可持续发展。

从经验来看,实质性的改革不仅需要有"冲破利益固化的藩篱"的更大决心、更大勇气和更大魄力,还需要借鉴国际、国内经验,形成更高水平的优化方案,运用智慧和协调艺术,争取最广大人民群众的认同、支持和积极参与。我们既要借鉴自20世纪80年代以来的经验教训,又要超越式和建设性地处理好多种新的问题,应对新的挑战。在这个过程中,精神层面,我们得到老一辈改革家的改革信念的支持;实践层面,我们要更多地实事求是,要继续鼓励基层、地方在改革中先行先试,应"允许改革者犯错误,但不允许不改革"!

五、回顾邓小平南方谈话,进一步解放思想,以全面配套改革冲过"历史三峡",迎接现代化伟大复兴

在经历了邓小平南方谈话带来的整整20年日新月异、年均增幅超过10%的高速增长之后,中国经济已在近年步入"新常态"。在先后受到亚洲金融危机和国际金融危机两次大冲击的洗礼之后,国际局面是"黑天鹅"乱飞,各国的内政外交、政治经济、社会文化似乎都充满着不确定性。在"矛盾累积、隐患迭加"的纠结与迷茫中,在"唯改革创新者胜"的新时代召唤中,中国尤其需要重拾邓小平南方谈话时锐意改革的闯劲、思想解放的激情。

邓小平南方谈话所解决的问题，都是经济运行层面的机制与手段组合的问题，而不是争议不休的根本制度问题，资本主义也要有计划，社会主义也要搞市场，中国把国情与人类文明发展的大潮流一并考虑，确立社会主义市场经济目标模式，以求实现社会主义现代化和中华民族伟大复兴。这一实事求是的思想认识，"去意识形态"地打开了以经济建设为中心的党的基本路线，激发了中国客观存在的发展潜力，带来了"中国奇迹"。邓小平南方谈话被称为"邓小平有生之年的天鹅之舞"，成为中国现代化历史征途上的一座里程碑。

邓小平南方谈话的内容十分丰富，其讲话精神的时代内核，可以一言以蔽之：创新发展。创新是一个民族的灵魂，是人类文明一路发展提升的正道，是中国在工业革命落伍之后完成奋起直追再造辉煌的生命线，也正是邓小平南方谈话的点睛之笔、思想精髓。要发展只有创新，要创新一定要解放思想，敢于大胆地试、大胆地闯，勇于在正确把握世界潮流和现代化大方向的前提下，在关键问题上决定全局的突破。党的十八大以来，最高决策层反复强调改革是中国实现现代化的"关键一招"，是我们的"最大红利"之所在，在改革"深水区"，"再深的水也要蹚"，要把"壮士断腕"的改革勇气、对国家前途民族命运的"历史责任"担当与高超的改革智慧相结合，"涉激流、过险滩、啃硬骨头"，让市场在资源配置中发挥决定性作用，让政府更好地发挥作用，"冲破利益固化的藩篱"。这些与邓小平南方谈话的精神内核是一脉相承的，而且集中体现在中央新近凝练的现代发展理念的第一条：作为"第一动力"的是创新发展，以此来引出协调发展、绿色发展、开放发展和作为发展归宿的共享发展——以人民为中心走向共同富裕的中华民族和平崛起中的可持续发展。

2018年1月23日，习近平总书记主持召开中央全面深化改革领导小组第二次会议，会议主题就是强调"思想再解放，改革再深入，工作再抓实，推动全面深化改革在新的起点上实现新的突破"。

在改革进入"深水区"、攻坚克难艰巨任务横亘于前的新的历史起点上，必须进一步强调和贯彻落实党的实事求是思想路线，牢牢把握我国处于并将长期处于社会主义初级阶段这个"基本国情"与"最大实际"。

再次强调解放思想，就是要坚持和发展充满生机活力的马克思主义，这正是合格的马克思主义者的应有作为。马克思主义本质上是在与时俱进的科学探索中动态发展的思想体系，党中央所重视和强调的"马克思主义的中国化"，就是要在中国的实践中坚持和发展马克思主义，而且今后要不断发展。如果不能与时俱进坚持和发展科学真理，我们是不配称作马克思主义者的。

再次强调解放思想，就需要正视已经形成的"利益固化藩篱"，并寻求破解之道。只有人受益而无人受损的"帕累托改进"空间已经用完，业已十分坚固的部门利益、局部利益和短期利益的局限性，相当广泛地表现在一系列具体的改革与发展事项上，正日益凸显其惰性和阻碍作用，但是，"触及利益比触及灵魂还要难"，因为"天下熙熙皆为利来，天下攘攘皆为利往"，改革开放以来的动力机制，初始就是"明确物质利益原则"调动一切积极因素，"使人民群众认识自己的利益，并团结起来为之而奋斗"，但发展起来之后，问题并不比不发展的时候少。比如，如何针对收入差距扩大情况下部门、地方、小团体利益和短期利益的固化，升级改造相关体制机制、优化再分配，已成为十分棘手但非解决不可的难题。

再次强调解放思想，需要把握中央决策层已明确表述的"供给侧结构性改革"战略方针。改革是解决有效制度供给问题的"生产关系自我革命"，进入"深水区"后，要"冲破利益固化的藩篱"，首先便是调整制度结构、优化利益格局，所以，"供给侧结构性改革"是符合经济学学理并具有鲜明指向性的。

中国的现代化是一场长跑，我们必须有充分的毅力、定力、战略耐心和百折不挠的韧性，去逐步实现它。党中央已清晰地判断中国实现现代化的改革已处于取得"决定性成果"的关键阶段，并做出了顶层规划。

改革尚未成功，同志仍需努力，在庆祝改革开放 40 周年之际，我们可以引用毛泽东同志在中国革命关键时期所给出的一段著名预言，来展望中国实现社会主义现代化和中华民族伟大复兴的前景：改革开放所指向的中国梦，已是站在海岸遥望海中看得见桅杆尖头的一只航船，是立于高山之巅远看东方已见光芒四射喷薄欲出的一轮朝日，是躁动于母腹中的快要成熟的一个婴儿。

让我们以万众一心的奋斗来迎接她！

全球化、多边贸易体系变革与中国开放发展

李 钢[①]

当今世界正处于百年未有之大变局。世界政治经济格局正在发生深刻变化，随之而来的是世界政治经济秩序的变革。经济全球化曲折发展，区域经济一体化以变奏曲方式继续向前推进。我国所处的战略机遇期面临着前所未有的挑战。我国必须坚定不移地深化改革、扩大开放，实行对外开放基本国策，打造更高水平的开放型经济，进而推动构建开放型世界经济。

一、从以美国为主导的全球化迈向超级全球化

（一）全球化遭遇逆流

在经济全球化发展中，机遇与挑战并存，推动与质疑始终存在。超级全球化不代表发展不会遭遇挫折，不会面临新问题、新挑战。"逆全球化"思潮暗流涌动，冲击国际经济政治秩序，给超级全球化带来不确定性。从历史发展来看，经济全球化对于不同国家、不同社会阶层与利益群体有着不同影响和效应，全球化发展在国家之间和国家内部导致的发展不平衡、分配不平等矛盾始终存在。今天，在数字经济领域，存在数字鸿沟问题依然严重、数字

---

① 李钢，中国国际贸易学会副会长，商务部研究院学术委员会主任、研究员。

（网络）安全面临严峻挑战、法律法规滞后于数字经济实践等突出问题。全球人口、资源、环境压力越来越大。各国要立足于本国国情，趋利避害，正确选择融入经济全球化的路径和节奏，努力克服全球化的负面效应。

21世纪第二个十年，逆全球化或反全球化思潮兴起，并有加剧的趋势。这必然引起人们的反思，经济全球化究竟出了什么问题，未来应如何引导其发展方向？

一是20世纪90年代到国际金融危机爆发前，以美国为主导的经济全球化时期，南北差距不仅没有缩小，反而在进一步扩大。有研究指出，这一时期，经济全球化受益国只有70多个，主要是发达国家和新兴经济体，而世界上大多数国家并未因全球化受益，工业化进程也未见提速，其结果是多数国家停滞不前，少数国家持续增长。当然，这一结论还要进行客观评估，毕竟这70多个国家的人口规模、经济总量占全球95%以上，其余100多个国家，大多为小型或最不发达经济体，占比较低。

二是即使在发达国家内部，全球化的收益分配也明显存在问题。全球10%的人口拥有的财富量超过其余90%人口财富量的总和。富人愈富、穷人愈穷，中产阶层收入水平多年来未见增长，甚至不升反降，导致国内社会阶层之间矛盾加剧。

三是在现行国际分工体系基础上形成的国际交换规则（原则）也存在严重问题。基础性要素成本被严重低估，如能源、资源等初级产品价格低位运行，发展中国家劳动力用工成本以不合理的低标价定位，且长期得不到应有的提高。而技术、资本等要素价格被普遍高估，且以"知识产权"（专利等）、"资本稀缺性"等名义不断被抬高，国际贸易中的不等价交换成为常态，导致发达经济体和发展中经济体的利益分配冲突加深。

美国是经济全球化中最大受益者。20世纪90年代，得益于计算机和互联网技术的普及和应用，美国以全球贸易自由化的名义不断打开世界市场，赚取资本，也因此形成了跨国公司在世界范围内的布局，实现了美国这一时期经济的快速增长。然而，美国由于在经济自由化中收益分配不公引起了国内贫富差距不断扩大；制造业向国外转移和国内产业"空心化"发展，失业率增加；资本流动而监管体制不到位最终导致了金融危机的爆发。在这种情况下，特朗普提出"美国优先"的执政理念，并倡导制造业的回归。然而，这是一种逆全球化的思维，在跨国公司的世界布局已然成形的情况下，面对美国高昂的人力成本，无法发挥出应有的优势，必然会导致成本上升，竞争力下降，制造业的强制回迁更会扰乱跨国集团的全球价值链布局，这是美国企业所无法承受之痛。

正是在上述问题背后成因的作用下，一些发达国家引发了政治上的民粹主义、民族国家意义上的排外主义、狭隘的爱国主义、经济上的自利主义、贸易投资上的保护主义等，这些主义的杂交汇集，在反经济全球化的议题上找到了"共识"，进而形成了反全球化的思潮并不断借题发挥，甚至将所有全球性、跨境问题笼而统之都归罪于全球化，经济全球化成为打开"潘多拉盒子"的罪人。

美国成为逆全球化的倡导者。特朗普的新政可以称为"特朗普主义"，其以"让美国再次伟大"为竞选口号，以"美国第一"为出发点，对内政策上的"三字经"可以概括为：减税负、强实业、增就业、扩基建、扩军备。对外政策上的"三字经"则是：广积粮、高筑墙、建壁垒、远多边、疏区域、挑单边。美国退出《巴黎协定》等一系列"退群"举动，就是其逆全球化的具体体现。英国退出欧盟也是逆全球化、逆区域经济一体化在欧洲的体现。

（二）世界迈向超级全球化

全球化是人类社会发展到一定阶段，市场机制成为世界经济运行的主导规律时，全球经济走向紧密合作、相互依存的一种必然趋势。在交通运输受限的年代，人类的生产和消费活动只能是被有限的地域范围捆绑在一起进行的活动。根据理查德·鲍德温的定义，全球化过程就是将人类的生产和消费活动不断在全球范围内分离的过程。他指出了三个阻碍市场全球化的限制因素，即货物运输成本、思想（技术）传播成本和人员流动成本。全球化的发展进程一方面受制于生产力的发展，另一方面受制于各主权国家国内和国际政治现实的制约。

在早期全球化的浪潮中，人类先后克服了货物运输成本和思想（技术）传播成本的障碍。科技发展进一步推动人员流动成本下降，使人类迎来第三波全球化，即全面克服"三大限制"的超级全球化时代。

超级全球化是此前全球化的延续和深化，它不以人的主观意志为转移，是基于生产力（科技）发展所形成、克服了三大成本限制、高度联通的全球化，必然对国际分工与生产、消费、交付、贸易、投资等活动产生深刻影响，最终导致全球价值链的重构。

第一，新兴科技助推超级全球化发展。施瓦布教授指出，第四次工业革命将数字技术、物理技术、生物技术有机融合在一起并进发出强大的力量，其发展速度之快、范围之广、程度之深丝毫不逊于前三次工业革命。大数据、云计算等数字技术的发展，将使世界的联通数字化。未来的创新几乎无一不是借数字之力得以实现和发展的，若没有计算能力和数据分析的进步，基因测序就不可能实现；人工智能也高度依赖计算能力。物理、数字和生物世界的融合会不断突破时间与空间的局限，有助于人类流动性增强，全球化将更多呈现市民化倾向。在超级全球化时代，每个市民都与外部世界高度联通，个人成为全球化的主体，只要个人有足够的想象力和创造力，世界上的所有资源都可以为个人所用，由此也将带来人类工作方式和消费方式的巨大变化。同时，也会造成社会分化、赢者通吃的负面影响。除了继续带来货物运输成本、技术传播成本的降低以外，第四次工业革命还将带来第三大分离成本——人员流动成本的降低。

在第四次工业革命引领下，世界经济发展将进入一种全新模式：一方面，经济的竞争规则将彻底打破以往的低成本战略，只有以创新方式提供产品和服务的战略才能保持国家和企业的竞争力；另一方面，生产、消费、运输与交付体系将被重塑，灵活性会逐渐取代规模成为首要考虑因素，工厂会变得更小、更灵活（所谓的"柔性制造"），且与消费市场比邻而居，原先东、西方之间的大量外包生产以及由此带来的贸易将被区域内生产和贸易所替代。因此，区域性市场规模将决定未来的生产和贸易模式，城市和城市群将成为世界未来发展方向。

第二，平台型企业构成超级全球化微观基础。科技领域的跨界整合将不断为产品与服务的结合创造颠覆性方式，使全球范围的生产-消费更加紧密地联结在一起，全球的供应链、产业链和价值链将重新塑造。由互联网、数字技术引领的超级全球化使需求端和供给端的全球性连接更加便捷、更加高效，传统的"由线性企业引领的全球化"将转向"平台型企业引领的全球化"。平台型企业本身不参与核心价值的创造，其主要功能就是连接核心价值的创造者和用户两端，使经济中的价值交换更加透明、更可持续。其中，最典型的趋势就是企业组织的平台化和扁平化。一方面，大量新型运营模式——平台型全球性企业崛起，在目前全球市值最大的30家企业中，有一半以上属于平台型企业；另一方面，传统跨国公司垂直一体化组织模式向扁平化纵深发展，中小型企业组成的网络与国际商业巨头共同发挥作用。同时，超级全球化将带来更加个性化的需求和生产模式。未来越来越多的雇主将利用"人力云"（Human Cloud）来完成工作：把专业工作细分为多个精确的任务和彼此独立的项目，然后上传到由来自世界各地的工作者组成的虚拟云上。如此，个人将取代国家和公司成为全球化的主体，只要个人有足够的能力和想象力，世界上的所有资源都可以为个人所用。

第三，政府政策塑造超级全球化方向。塑造超级全球化的力量除了科技发展带来的市场力量外，还有政府的政策力量。各国基于国内治理的制度、法律和政策选择，将对市场力量推动的全球化进行重新塑造，也就是政府对全球化的治理。一方面，各种保护主义和孤立主义政策将会给超级全球化带来反制作用,将逆转制约全球化的三大成本的下降趋势;另一方面,各国政府开始将具有公共物品性质的基础设施纳入全球治理范畴,将会进一步助力超级全球化的发展。目前,全球仍有13亿人没有用上电,一半以上的人口无法接入互联网,这意味着世界上还有很多国家和地区甚至没有完成第二、第三次工业化。中国提出的以基础设施互联互通为引领的"一带一路"合作倡议,正在将过去割裂的全球化带入一个互联互通引领的新型全球化时代。因此,超级全球化将从"自由贸易引领的全球化"转向"互联互通引领的全球化",从以"市场准入"为主的全球化治理转向以"基础设施、规则、标准等联通"为主的全球化治理。

第四,新兴经济体和发展中国家的工业化进程加快了这些国家的城市化进程,使全球人口中城市居民第一次超过农村人口。全球范围内城市化进程的加快,超大城市的逐渐增多,使得超级城市群正在全球范围内形成。交通和互联才是社会流动的真正途径,城市逐渐成为受过高等教育的人的聚居地,城市已不仅仅是消费者的集合体,更是产生新思想和新做事方式的生产者的复杂工作场所。因此,人类的生产方式和生活方式将发生新的重大变化。

第五,超级全球化与超级本地化并行不悖:在超级全球化时代,信息全球化、平台全球化、供应链全球化(区域化)将与设计本地化、生产本地化、销售本地化、服务本地化同时并存。虽然地缘政治仍在发挥作用,但地缘经济因联通性而形成"区域供应链",区域经济合作的内在驱动力打破了地理(国界)的分割,呈现出功能化趋向。从其外在表现来看,全球范围内快速城市化导致超级城市群出现,人口结构变迁导致满足新生代工作和生活需求的平台型公司崛起,"互联网+产品"和"互联网+服务"催生新型企业形态与商业模式,技术发展导致科技创新呈指数级增长,这些是超级全球化最显著的表征,它们互相融合、互相作用,共同推动超级全球化深入发展。名义上的国境线正在被发挥实际效用的功能连接线所取代,互联互通的重要性正在超越国境分割线,因此功能性地理的重要性也在不断超越政治性地理。

总体而言，世界已经从以美国为主导的全球化时代转向了超级全球化时代，这将给世界经济和社会发展带来巨大而深刻的改变：它推动全球经济结构和产业结构持续变迁，促进世界各国、各地区相互依存度不断加深，与此同时，超级全球化发展面临的复杂挑战远胜往昔，对全球经济治理体系变革提出了新的时代要求。

二、多边贸易体系面临重大变革

全球经济治理的一个重要方面就是全球贸易治理，全球贸易治理离不开以世界贸易组织（WTO）为代表的多边贸易体系，这一体系是由一系列贸易协议及规则构成的。全球贸易治理还有其他平台，如联合国贸易和发展会议、G20 峰会等。影响全球贸易治理的还有区域经济一体化的各种形态及载体，如自由贸易协定或区域自由贸易协定（FTA/RTA）、关税同盟、经货联盟等，还有一些非机制化的安排也对全球经济治理产生影响，如亚太经合组织（APEC）、亚欧会议（ASEM）等。21 世纪的新规则往往是由一些区域经济一体化的协议率先提出并被逐渐推广到多边贸易体系之中。

（一）以 WTO 为代表的多边贸易体系正在走向 3.0 时代

作为全球经济三大支柱（IMF、WBG、GATT/WTO）的多边贸易体系，在其 1.0 时代，也就是关税与贸易总协定（GATT）时期（1947—1994 年），主要任务就是货物贸易的自由化，即大幅削减关税和非关税壁垒，涉及的领域主要是非农产品——工业制成品。在其 2.0 时代，也就是从 WTO 创立到国际金融危机过后的时期（1995—2014 年），主要任务是在继续进行货物贸易自由化的同时，将贸易自由化拓展到服务贸易（GATIS）、与贸易有关的知识产权（TRIPS）、与贸易有关的投资措施（TRIMs）以及贸易与环境等领域。

多边贸易体系正在逐步迈向 3.0 时代。2015 年之后，美欧已经不再讨论多哈回合问题，多哈回合事实上已经名存实亡。美国不再推动任何多边倡议，欧盟趋于保守，而发展中国家仍坚持原有立场，聚焦农产品和非农产品谈判，希望发达国家让步。欧美认为，多哈回合已成为过去时，在与发展中国家不能达成一致的条件下，转为关注所谓"WTO+"的问题，即与贸易无直接关系的诸多边境内措施，如竞争政策、政府采购、国有企业和指定垄断、环境、监管一致性、透明度和反腐败等，以及如 TISA 等诸边协议。

特朗普上台后，以"美国优先"为执政理念，奉行强硬的单边主义和贸易保护主义，通过极端化的"退群"和高压式的双边谈判，以达到其施政目的。对多边贸易体系则采取了两方面手法，一方面扬言要退出 WTO；另一方面单独或联合欧日提出 WTO 改革提案，以"公平贸易"为旗号，行"去发展化"之实，使 WTO 继续服务于发达国家的利益。

总体来看，"逆全球化"导致全球经济治理分化。当今全球贸易治理面临困境，已到了十字路口。20 世纪上半叶形成的世界多边贸易体系的旧架构（GATT）及其在 20 世纪 90 年代拓展的框架（WTO）已经与当今的全球经济贸易发展格局极不适应。国际金融危机之后，美国丧失了道义上的制高点，全球经济治理的领导权由 G7 转交到 G20，美国后退，无意提供新的"国际公共产品"，而中国虽然已经成为世界第一的货物贸易大国，但自身尚缺乏独立或联合新兴经济体提供制度性国际公共产品的能力，使得全球贸易治理出现领导权的真空。

关于 WTO 改革，美国、欧盟、日本已经联合提出了方案，其主要内容是：改革争端解决机制；更新规则以应对 21 世纪挑战；改善日常工作；制定新规则增强成员规制的透明度；增加服务贸易、知识产权等方面的规定；对发展中国家分类、重新界定、分阶段给予优惠待遇。

（二）以 FTA/RTA 为代表的区域经济一体化分化

在多边贸易体系发展演变的同时，区域经济一体化也迅速发展起来。区域经济一体化同样经历了三个阶段：FTA/RTA 的 1.0 时代只包含货物贸易自由化（90%以上进出口货物零关税）；2.0 时代则涵盖服务贸易、知识产权、投资等领域；3.0 时代拓展到竞争政策、投资政策、政府采购、国有企业和指定垄断、劳工、环境、监管一致性、透明度和反腐败等更多领域并制定了一些新规则（如电子商务等）。

在区域经济一体化迈向 3.0 时代，前期跨太平洋伙伴关系协定（TPP）和跨大西洋伙伴关系协定（TTIP）主导了超大型自由贸易协定，后期则发生了重大分化：一方面，特朗普上台后，美国重新审视各种自由贸易协定，以一对一的方式与贸易伙伴逐一谈判废止了 TPP，TTIP 暂时搁浅，重谈北美自由贸易协定（NAFTA），并于 2018 年结束谈判且更名为《美墨加协定》。另一方面，欧盟、日本等持续推进一体化进程，2016 年底欧盟与加拿大签订《综合经济与贸易协定》（CETA）；2018 年欧盟与日本签订《欧日经济伙伴关系协定》（EPA）；除美国外的其他 TPP 国家签订了《全面进步贸易跨太平洋伙伴关系协定》（CPTPP），东盟和中、日、韩、澳、新、印参与的《区域全面伙伴关系协定》（RCEP）正在加快商签进程，《非洲大陆自由贸易协定》（AFCFTA）于 2019 年 5 月 30 日正式生效并实施。区域经济一体化正在按照自身的方式继续推进，未来还将进一步发展。

三、中国在全球经济治理中的角色转换

（一）在多边贸易体系中从边缘配角到主角之一的转变

改革开放 40 余年来，中国经济发生了较大转变。目前，我国 GDP 居世界第二，对外贸易也居世界第二（其中，货物贸易第一、服务贸易第二）。随着对外开放的逐步扩大和自身实力的提升，我国在全球贸易治理中的角色也发生了重大变化：从被动适应者转变为主动参与者，从边缘角色转变

为主要角色之一。

第一阶段（1978—1994年），即改革开放之后到WTO成立这一阶段，我国从多边贸易体系的局外人，到积极申请"复关入世"，主要为GATT协议与规则的学习者、被动追随者。

第二阶段（1995—2008年），即从WTO成立到我国加入WTO，再到国际金融危机爆发阶段，我国主要是WTO协议与规则的学习者、全程参与多哈回合谈判的非缔约方、兑现加入WTO承诺议定书的履行者和WTO规则的实践者，完成了从多边贸易体系的局外人到局内人的转变，成为拥有全权的缔约方，既履行义务又享有全部权利。

第三阶段（2008年至今），国际金融危机之后到目前，我国成为多边贸易体系及其规则的维护者、规则重构的积极参与者；从被动的贸易自由化到高举自由贸易大旗、反对形形色色的贸易保护主义；从代表发展中国家利益，再到做发展中国家与发达国家之间的桥梁；从积极推动多哈回合取得早期收获，再到推动贸易便利化协议的达成，积极参加信息技术协议扩围谈判和环境产品协议谈判等。在当今WTO急迫需要改革的时期，我国也是WTO现代化的积极建设者与共同引领者。

我国在其他多边会议场所，如联合国贸易和发展会议、G20、APEC、金砖会议、上合峰会等非约束性、非机制化安排场合，积极与合作伙伴提出维护和改善全球经济、贸易、投资等领域治理的倡议方案。如我国在G20杭州峰会提出了《G20全球贸易增长战略》《G20全球投资指导原则》等，践行均衡、普惠、包容的发展理念。

（二）中国的角色转换是自适与他适互动的长期过程

我国要全面参与全球贸易治理乃至全球经济治理，就必须进一步深化改革，加快扩大开放，真正完成从配角到主角的转变，而这还要走很长的路。我们其实还有自身定位的社会主义国家、发展中国家、市场经济国家这三方面的国际接受度,或者国际认可度的问题。一是社会主义国家涉及意识形态、价值观、社会观之争。二是发展中国家关乎发展阶段和发展水平问题。未来在多边规则当中,发展中国家地位本身会有一些重大改变,这也是发展中国家和发达国家博弈所聚焦的问题。中国未来在开放过程当中也需要考虑自身的发展中国家定位,我国面临的是自己主动"毕业",还是被动"毕业"的抉择。三是市场经济国家地位,美国对中国"国家资本主义""政府主导经济""新重商主义"等的指责,其实都是对中国实行社会主义市场经济的根本否定。

上述这些"形而上"的自我认知和他人认知的互动将是一个长期而复杂的过程。除了这些问题外,我们还亟待解决下述"形而下"的问题。

第一,中国开放型经济发展水平还有待进一步提高。这主要表现在,我国自身贸易自由化尚未完成,也就是说,按照多边贸易体系1.0时代货物贸易自由化的要求,我国只是完成了高于一般发展中国家水平的自由化承诺,如7.5%的关税水平大大低于发展中国家的平均水平(12.0%),但从动态发展来看,与中高收入国家且即将迈入高收入行列的国家所应有的关税水平还有不小的差距。目前,发达国家关税平均水平仅为2.7%,我国还有较大的降税空间。

按照多边贸易体系2.0时代的要求,我国服务贸易自由化的整体水平较低,特别是金融服务业自由化滞后,开放的任务极为艰巨,在知识产权保护方面还需要进一步提升水平,尽早加入政府采购协议等。多边贸易体系3.0时代的一些高水平自由化的新规则我们一时还难以采纳并实施。

第二,中国制度性话语权较弱。当今多边贸易规则主导权仍掌握在发达国家手中,中国参与规则重构的能力不足。在当今全球化推进中,发达国家认为,它们已经完成贸易自由化,更主要的是关注公平贸易,关注非贸易领域的自由化,即国内规制的自由化(特别关注政府监管一致性),而中国作为最大的发展中国家,国情和现阶段发展水平无法达到欧美发达国家的标准。

发达国家一方面在 WTO 中先制定诸边协议，然后再推向多边；另一方面频频酝酿针对中国的 WTO 改革提案，企冀限制中国在其中的正当权益。而我国的反制性措施十分有限。

第三，中国在多边贸易体系中发挥更大影响力的意愿与现有能力不匹配。我国提出了促进贸易投资自由化、便利化，推动经济全球化朝着更加开放、包容、普惠、平衡、共赢的方向发展的理念，但如何将这些转化为可具体实施的议题（提出、设置），发出中国声音、提出中国方案（提案），推动达成共识，进而转化为具有约束力（具有国际法法律效力）的规则（协议）的能力不足，这具体表现在缺乏参与国际贸易谈判的中长期规划（目标、方向、议题关联性），国际贸易谈判人才缺乏，特别是专业性和综合性人才储备不足，国内协调机制还不够完善，专业型智库和行业领域专家支撑能力不够，非政府组织（NGO）等社会组织参与欠缺等方面。

四、新时代高水平对外开放的新方略与新举措

世界迈向超级全球化对中国实现高质量发展带来了新机遇、新挑战。我国必须加快实施创新驱动发展战略，以数字经济构筑中国经济发展新优势，在全球价值链重构中积极调整参与国际分工与交换的战略，推动我国由世界工厂向世界市场的转变。新时代构建开放型经济新格局，必须加快国内治理体系和治理能力的现代化，推动更高水平的贸易投资自由化、便利化，夯实商品等要素流动型开放的基础，更加重视规则等制度型开放，并以此推动构建开放型的世界经济。

（一）新方略

扩大高水平对外开放的新方略就是，全面贯彻党的十九大精神，深化改革，扩大开放，以开放倒逼市场化改革，在市场配置资源起决定性作用和更

好发挥政府作用中，形成加快开放发展的法律环境，以开放促改革、促发展、促创新，坚定不移推进贸易投资自由化和便利化，对内开放与对外开放并重，自主开放与协议开放并举，全面实行"准入前国民待遇"和"负面清单"开放模式，"引进来"与"走出去"相结合，打破制约开放型经济发展的体制机制和政策障碍，加大重点行业和关键领域的开放力度，推进贸易强国建设，加强多边、区域、双边领域的开放合作，加快培育国际经济合作和竞争新优势。

在扩大高水平对外开放中，应坚持扩大开放与深化改革相结合、对内开放与对外开放相结合、自主开放与协议开放相结合、"引进来"与"走出去"相结合、双边区域开放与多边开放相结合、全面开放与重点领域开放相结合、扩大开放与保障国家安全相结合。

建立和完善我国开放新模式——"准入前国民待遇+负面清单"，着力培育我国各类产业核心竞争力，确立不同领域行业的开放策略，发挥自贸试验区和自由贸易港的开放引领作用，积极参与国际贸易投资新规则的制定。

在实施层面，一是统一思想，贯彻开放发展理念；二是改革创新，建立适应高水平开放发展的体制机制；三是启动新一轮与高水平开放相适应的法律法规的废改立，出台《外商投资法》；四是更好地发挥政府营造和保障公平竞争的职能作用；五是发挥行业商协会作用，提升高水平开放条件下的行业监管能力；六是提升高水平开放条件下风险预警、防范、化解的能力等。

（二）新举措

第一，实行高水平的贸易自由化便利化政策。一是在客观评估我国工业化水平和国际竞争力的基础上，分阶段逐步实施降低关税措施；二是进一步打破非关税壁垒，加快国内规制改革，逐步适应监管一致性的要求；三是提升进口贸易在国民经济和社会发展中的地位与作用，持续办好中国国际进口博览会，持续推进国际收支与贸易平衡，补齐货物贸易进口的短板和服务贸易出口的短板。

第二，实行高水平的投资自由化便利化政策。一是加快出台《外商投资法》并做好落地工作；二是全面实行并完善准入前"国民待遇+负面清单"管理制度，凡是在我国境内注册的企业，都要一视同仁、平等对待；三是大幅度放宽市场准入条件，重点扩大包括金融业在内的服务业对外开放；四是营造更优的公平竞争环境；五是强化保护外商投资合法权益特别是产权和知识产权的保护。

第三，提升对外投资质量和水平。建设高水平开放型经济的一个重要方面就是"走出去"开展对外投资，提升我国企业的国际化水平。一是以"一带一路"为重点，创新对外投资方式，特别是建设运营模式，培育对外投资联合体。二是深化对外投资管理体制改革，创新政策支持手段，主要是财政金融支持和便利化服务。三是打造中国投资品牌，深化国际产业合作，提升投资与贸易的联动性。四是通过加大涉外谈判力度，通过双边和区域协定（FTA/RTA）争取国外合作伙伴给予更多的市场准入机会，利用产业和市场的互补性推动投资合作，实现双赢、多赢。

第四，更好地发挥自由贸易试验区和自由贸易港等开放高地的引领示范作用。一是对标国际先进规则，建立相容相接的制度体系，打造各具特色的开放高地，推动区域开放、协同开放。二是赋予自由贸易试验区更大改革自主权，落实好2.0版的各项政策，培育发展新动能，释放制度创新红利，同时完善事中事后监管体系。三是探索建设中国特色自由贸易港，处理好中国特色与国际"接轨"的关系。

第五，构建高标准自由贸易区网络。一是根据国家总体对外战略和"一带一路"建设要求，对重点潜在自由贸易伙伴开展工作；二是完成正在进行的自由贸易协定联合研究（目前有10余个国家和地区）；三是对已实施的自由贸易协定进行升级（从货物贸易推进到服务贸易和投资等领域）；四是建立自由贸易协定实施情况影响评估机制，及时发现并解决相关问题。此外，进一步推进各种区域和次区域合作。

　　第六，推动完善全球经济治理特别是多边贸易体系。一是深度参与全球经济治理，推动形成稳定成熟的 G20 贸易投资机制，为经济全球化注入持久动力。二是坚定维护多边贸易体系，深度参与 WTO 框架下的多边谈判，维护我国和发展中国家的共同利益。三是利用好多边机制，特别是 WTO 的争端解决机制以及贸易政策审议机制，维护我国经济贸易利益。四是积极参与新议题的讨论和新规则的制定，视情适时加入诸边谈判。

40年后,改革再出发

张晓晶[①]

2013年底,《中共中央关于全面深化改革若干重大问题的决定》吹响了中国改革再出发的号角。党的十八届三中全会以来,在习近平新时代中国特色社会主义思想指导下,全面深化改革工作取得了历史性成就:1600多项改革方案相继推出,涉及范围之广、触及利益之深、节奏推进之快前所未有;党的十八届三中全会提出的"到2020年,在重要领域和关键环节改革上取得决定性成果"目标已完成;全面深化改革理念深入人心,主要领域改革"四梁八柱"基本确立,重点领域和关键环节改革取得突破性进展,国家治理体系和治理能力现代化水平全面提高,中国特色社会主义事业展现出更加广阔的发展前景。

不过,改革进程也并非一帆风顺。一方面,一些领域改革严重滞后,一些领域改革呈现部门化、碎片化,改革的动力不足,改革的获得感也有待加强。另一方面,中国经济进入新常态,新旧动能转换处在关键期;新时代社会主要矛盾转化提出改革新诉求……这些都从不同角度促使人们对改革进行反思。未来改革应该往哪儿走,怎么走?成为40年后改革再出发必须考虑的中心问题。

[①] 张晓晶,中国社会科学院经济研究所研究员、副所长。

一、改革与开放的"多重均衡"

改革与开放是相辅相成的。改革与开放之间存在"多重均衡"。第一种是只有国内改革没有对外开放,这在前现代社会是可以存在的。但这种完全封闭的、没有开放的改革只是一种近似改革,实际上传统社会(如古代中国)的很多改革都是以外敌存在为前提的。封闭体系改革的问题在于,难以有外部思想和知识的溢出,缺乏与外部世界的学习与互动,从而很难有真正的制度创新,局限于体制内的小打小闹,修修补补,容易形成一种超稳定的、僵化的制度架构。第二种是没有国内改革只有对外开放,更确切地说,是没有推进国内改革使之与对外开放相协调、相匹配,这在一些拉美国家比较典型。即开放步伐快于改革步伐,或者在国内很多条件还不成熟(没有改革到位)的情况下实行对外开放,从而带来外部冲击,出现经济动荡或危机。第三种是改革与开放的相互匹配和相互促进,这是一种理想的"均衡"。

打开国门、对外开放,本身就是一项重大改革。中国作为最大的发展中国家,能够实现后发赶超并在制度竞争中赢得比较优势,靠的是改革开放。只有在开放条件下,中国才具备潜在的后发优势。在一个闭关锁国的封闭体系中,不知道天外有天,没有更为发达的外部世界的存在,就不会有先进与落后之分,也不可能有所谓"后发优势"和"后发赶超"。因此,后发优势是开放带来的,是在国际比较中产生的。只有通过改革,潜在的后发优势才能发挥出来。面对开放的竞争环境,只有深化改革,才能发挥后发优势;否则,只会在开放竞争中被排挤、被扼制,甚至被"开除球籍"。中国之所以能够发挥后发优势,成为世界第二大经济体,是因为通过实实在在的改革,破除各种偏见和歧视、门槛与障碍,让各种观念相互碰撞、各类资源要素自由流动;在比较中发现落差,以落差促进流动。中国通过引进、消化、吸收发达国家多年积累起来的先进知识、技术、管理、制度,以较低的成本,让发达国家的知识存量"外溢"到中国,缩小与发达国家的差距,最终实现后发赶超。

改革开放相互促进。一方面,随着改革的推进,市场竞争力的增强以及治理水平的提高,可以实行更大范围和更大幅度的开放;另一方面,开放倒逼改革,即借助开放所带来的外部力量,推动内部进行制度调整。改革本身是有惰性的,但开放会引入竞争,同时要求制度、规则方面的"国际接轨",于是相应的改革"被逼"产生。以中国加入世界贸易组织(WTO)为例,中国在2001年底加入WTO后,经济开始与WTO的规则相衔接,并由此开启了诸多领域的改革,仅法律法规就废止、修改和制定了数千条。我国现在提出的自贸区、自由港的实验,以及金融服务业方面的更大幅度开放,也要借助开放所形成的激励、动力甚至压力,来促进国内体制的变革,让那些原本有惰性、求保护的主体紧张起来、活跃起来,从而带动整体竞争力水平的提升。改革与开放携手同行,能够创造更多的奇迹。

不过,开放既可以倒逼改革,也可能致改革发生扭曲,延迟改革甚至使改革走回头路。开放必然带来竞争,而在竞争压力过大的时候,就会产生一种本能的自我防卫。这种自我防卫不是想办法提升竞争力,而是将保护层做得足够坚实。比如,20世纪90年代,日本出现大量"僵尸企业"就与开放导致扭曲有一定关系。随着20世纪80年代末,泡沫经济的破灭,日本经济持续萧条,许多企业盈利能力降低,频频向银行举债。相比向健康企业贷款,日本许多银行很乐意对困境企业持续贷款,甚至为它们提供更有利的优惠政策。这样的贷款政策主要基于两点考虑:一是困难企业通过贷款偿还短期贷款项目,从而降低银行的不良贷款率;二是银行通过这种方式可以帮助已经出现困境、濒临破产的企业掩饰其真实状况。这样做背后的更深层原因是为了满足《巴塞尔协议》的相关要求。日本政府为了帮助日本银行满足1988年《巴塞尔协议》风险资本比率(Basel-mandated Risk-based Capital Ratios)的要求,甚至禁止银行披露关于"僵尸企业"贷款的信息,并允许它们通过一些会计手段掩饰"僵尸企业"借款的状况。这种行为被认为妨碍了无力偿债的"僵尸企业"退出市场，大批"僵尸企业"存活了下来；而企业活力的减退以及大量不良贷款的形成造成了日本经济的停滞。就当时（20世纪80年代末90年代初）来看，日本银行想要在境外开展国际业务，就必须加入《巴塞尔协议》，而泡沫经济破灭又使得日本银行难以满足《巴塞尔协议》关于风险资本比率的要求，于是日本就容忍甚至是纵容了"僵尸企业"的存在。开放导致扭曲的逻辑在这里得到了充分体现。

二、从增量式改革到存量式改革

关于中国的改革，一般总结为"渐进式改革"或"增量式改革"（苏联、东欧的改革称作"激进式改革"或"休克疗法"）。相较于"渐进式改革"，"增量式改革"的提法更为贴切，因为中国的改革是在体制外"增长"出了一块非国有经济。

中国渐进式改革的基本特征是在旧体制因阻力较大还"改不动"的时候，先在其旁边或周围发展起新体制或新的经济成分（如市场定价机制、各种形式的非国有经济等），随着这部分经济成分的发展壮大、经济结构的不断变化和体制环境的不断改善，逐步改革旧的体制；苏联、东欧的激进式改革的基本特征在于从一开始就必须（只能）对旧体制进行改革，以此为新体制的成长铺平道路。中国的渐进式改革是在存量改不动的时候，先通过增量式改革来发展新体制，随着增量改革的积累，逐步改革整个经济的体制结构，为"存量"的最终改革创造条件；苏联、东欧的激进式改革，则是（在增量改革缺乏条件的情况下）直接进行"存量"的改革，并以此促进新体制增量的成长。[1]

---

[1] 樊纲. 渐进与激进：制度变革的若干理论问题 [J]. 经济学动态，1994（9）：8-12.

改革之初的增量改革之所以可行，不仅是因为我国传统计划经济还存在着一定的"制度缝隙"，留下了市场经济的一点"火种"，还因为有大量闲置的资源和较为充分的市场机会。

就资源要素来说，改革开放之初，无论是劳动力还是土地，都处于未充分利用的状态，劳动力尤为明显。事实上，正是大量农村劳动力向城市、现代部门、非国有经济的转移，才使配置效率提高，从而带来中国经济的高增长。那些在体制外增长起来的非国有经济，也是因为有了大量劳动力资源的供应，才得以快速成长。在土地方面，大量开发区的出现，以及在引资方面的土地优惠政策，使土地资源的供应相当充裕。但这些资源，在今天不仅不是大量闲置，甚至是非常"短缺"。一方面，劳动年龄人口数量减少；另一方面，在土地制度改革未能继续向前推进的情况下，土地的供应也捉襟见肘，结果就会产生对要素资源的竞争。如果说，在原来资源有所闲置和相对丰裕的条件下，非国有经济的成长对资源的吸纳不会对国有经济与传统体制带来根本性的威胁和挑战，那么在资源相对稀缺的今天，非国有经济的继续成长就面临着资源要素瓶颈了。没有存量资源的重新配置，没有国有经济（特别是低效或无效的国有经济，如大量"僵尸企业"）在某种程度上的"退出"，就没有新的增长源泉。

就市场机会来说，早期的非公有制经济（尤其是民营经济）是不能"挑"的，政府给什么，就拿什么。这个所谓的"机会"，从根本上来说就是一个市场开放和准入的问题。改革之初，我国就把原来完全由国有经济掌控的机会，拿出一些来给民营经济。经过40多年的发展，民营经济"无孔不入"，基本上完成了布局，未开垦的处女地已经很少。准入的领域都占据了，尤其是中下游，不但占据，而且大量过剩。去产能，去的有很多都是处在中下游的民营经济的过剩产能。这个时候，如果不再有新的机会释放出来（扩大准入的范围），特别是上游产业的机会（包括金融服务业、能源、铁路、电信、医疗、教育等），民营经济就没有新的发展空间，但也不排除一些创新领域（如互联网、金融科技、智能机器人等一些新产业、新模式、新业态）的发展，但这是一片充满不确定性和风险的领域。民营经济需要在准入限制情况下另辟蹊径，在去产能、去库存、去杠杆的大背景下锐意创新、凤凰涅槃。

改革之初，我们是以"进入"的方式来推进增量改革的。无论是私营经济、乡镇企业还是外资企业的"进入"，都是在传统计划经济"一统天下"的格局中，打开一片新天地。"进入"带来了新鲜血液，为传统体制注入了新的活力。40多年后的今天，尽管我们仍然需要有新鲜力量的进入，但更重要的是以"退出"方式来推进存量改革。资源要素与市场准入机会的日渐稀缺决定了我们必须从增量改革转向存量改革。

退出是存量改革的基本实现方式，这不仅涉及"僵尸企业"的退出，也涉及一些领域政府干预的退出。因此，对于完善退出机制，形成真正公平竞争的市场环境，需要从改革开放40多年这样更长时段、更高站位来看。

"退出"这个词比较刺眼，但如果从促进公平竞争的角度来看，就比较容易理解了。谁退出？按说，优胜劣汰，应由市场来出清，但实际上很难做到。该退的退不出，就会出现"挤出效应"。低效或无效的企业还在里边，但市场空间有限，于是就会把一些效率高的企业也挤出去。

国有企业退出难，根本在于它所拥有的"结构性优势"与由此带来的不公平竞争。国有企业一直以来承担着很多社会责任，从而享有特别的"结构性优势"。这个责任，就是需要实现社会性目标，既包括承担着坚持基本经济制度、社会主义发展方向这样的宏大任务，也包括稳定宏观经济、实现社会公平、保障经济安全等方面的具体责任。正因为这样的重大责任，才使国有企业可以在税收、信贷、市场准入、产业政策等方面享有特别的优惠政策，尤其是国有企业的软预算约束及政府对之的隐性担保（软预算约束与隐性担保或许可以看作一枚硬币的两面，二者是相互支持和加强的）。以上这些恰恰是其他市场主体所不能享有的"结构性优势"。值得一提的是，国有企业不仅在市场准入方面得到特殊照顾（比如，获得优先的垄断地位），在市场退出方面更是享有诸多保护。目前，大量国有"僵尸企业"仍然未能退出市场，根本原因就在于体制惯性让其享受到类似"铁帽子王"的待遇，可以在强制性的市场出清过程中获得"免死金牌"。公平竞争的一个前提就是自由进入和自由退出。

要实现低效或无效企业的正常退出，需要有政府干预在特定场合的退出相配合。比如，政府兜底和隐性担保的渐次退出；又如，政府在财税、金融、信贷、土地等优惠政策方面的退出。

从增量改革到存量改革，意味着不同的市场主体在资源要素与市场机会方面要展开公平竞争。党的十八届三中全会明确指出，保证各种所有制经济依法平等使用生产要素、公开公平公正参与市场竞争。

三、政府改革：从资源配置到国家治理

如何处理好政府与市场的关系，一直是贯穿中国改革开放40多年的一条红线。随着党的十八届三中全会关于国家治理体系与治理能力现代化的提出，政府与市场间的二元关系变成了政府、市场与社会间的三元关系。总之，无论过去、现在，还是未来，无论是资源配置，还是国家治理，政府都是必不可少且至关重要的角色。只有对政府的作用和地位有一个清晰的认识和判断，才能更好地推进改革。展望市场化改革的下一步，核心与焦点恰在政府。

（一）变动世界中的政府

20世纪40年代到60年代初，早期结构主义发展经济学已经注意到了后发国家市场发育之不足，希望通过政府"这只手"来弥补。这包括强制储蓄、大推进理论、产业选择、进口替代等，总之强调了政府的干预作用。但这么做导致的问题越来越多，从而为强调市场力量与价格机制的新古典发展经济学所取代。一些东亚经济体（如日本、韩国）的确通过政府主导跨越了"中等收入陷阱"，但后来的一些模仿者却没有那么幸运，它们纷纷在亚洲金融危

机冲击下跌进了"中等收入陷阱"（如马来西亚、印度尼西亚等）。再往后，"华盛顿共识"与"北京共识"之间的较量，特别是它们对于政府与市场力量的不同侧重，以及国际金融危机暴露出不受约束的市场力量的巨大破坏力，使得政府与市场之间的关系被重新审视。

新结构经济学强调一国发展要顺应比较优势，政府在其中可以而且必须发挥重要作用。[①] 比较优势基于要素禀赋（如资本、劳动力和自然资源）形成，要素禀赋变化会带来比较优势的动态变化。要真正发挥比较优势，一方面要有市场，另一方面要有政府。如果政府决定优先发展的产业不符合要素禀赋的比较优势，该产业就没有竞争优势，企业在开放竞争的市场中将没有自生能力，这些产业需要得到特别保护，进而导致一系列的扭曲；如果决定发展的产业符合比较优势，企业有自生能力，在国际、国内市场上就会有竞争力，从而积累资本获得进一步的发展。林毅夫强调，政府必须在产业升级和技术创新中发挥因势利导的作用以克服外部性和协调性的问题。这一理论希望避免早期结构主义发展经济学的"过"（过于强调政府而忽略了市场），以及"华盛顿共识"的"不及"（过于强调私有化、市场化而忽略了政府）。

斯蒂格利茨基于不完全信息和不对称信息的假设，从理论角度提出政府干预大有空间。当市场不完备、信息不完全、竞争不完全时，市场机制不会自己达到帕累托最优，这就是所谓的格林沃德-斯蒂格利茨模型。由此定义的市场失灵不再局限于外部性、公共产品等传统范围，而是无处不在，从而为政府干预提供了广阔的舞台。同样是强调政府的作用，但斯蒂格利茨与新结构主义经济学的逻辑大不相同。斯蒂格利茨对传统的比较优势理论提出批评，强调学习能力的重要性。他认为，传统的比较优势理论基于知识是可完全公开获得的理念，关注的是要素禀赋（如资本劳动比）。不过，资本是流动的，资本禀赋甚至在理解静态比较优势中都起不到什么作用。决定比较优势的状

---

① 林毅夫. 新结构经济学：反思经济发展与政策的理论框架（增订版）[M]. 北京：北京大学出版社，2014.

态变量往往是那些"不动的"（或流动性较弱的）因素，特别是知识、劳动力和制度。最重要的"禀赋"是一个社会的学习能力。市场本身并不足以创建一个充分的学习社会，这是市场失灵的一种体现，因为学习具有溢出效应，呈现正外部性；市场化的学习在一定时期和一定空间具有垄断性；知识传播是一种产业（行业）公共物品。鉴于在知识的生产和传播过程中市场是无效的，而后发国家最缺的是学习能力，因此，政府可以在提高一个社会学习能力方面发挥积极的作用。①

大萧条、"二战"期间的资源动员及战后重建，为政府作用提供了实践舞台，为凯恩斯革命提供了理论武器，比较典型的关于政府作用的模型有三个。② 一是"看不见的手"模型。该模型的出发点是，市场运转良好，无须任何政府。政府需要执行一些市场经济赖以运行所必需的基本职能。比如，提供法律、秩序和国防。除了提供这些有限的公共产品之外，政府的干预越少越好。二是"扶持之手"模型。该模型认为，不受约束的自由市场会导致诸多弊病，包括垄断定价、外部效应（如污染）、失业、不完善的企业信贷供应和地区发展的失败等。为了矫正这些市场失灵，政府的"扶持之手"可以发挥作用，在矫正性税收、管制、需求管理到价格控制、政府所有制和计划等方面发挥作用。三是"掠夺之手"模型。该模型强调应从政治经济学的角度看待政府，把政治过程看成政府行为的决定因素。政治家的目标并不是社会福利最大化，而是追求自己的私利。与"看不见的手"模型一样，"掠夺之手"模型对政府持怀疑态度，但是"掠夺之手"模型更加准确地描述了政府在实际中的所作所为，因此在设计改革方案时也更具建设性。一般而言，"掠夺之手"模型会寻找限制政府的方法，反对扩大政府的管理范围。

2008年国际金融危机爆发以来，学界对政府作用的强调变得突出，但在

---

① 约瑟夫·斯蒂格利茨，布鲁斯·格林沃德. 增长的方法：学习型社会与经济增长的新引擎[M]. 陈宇欣，译. 北京：中信出版社，2017.

② Shleifer, Andrei, Vishny, Robert. The Grabbing Hand: Government Pathologies and Their Cures [M]. Cambridge: Harvard University Press, 1998.

立场上变得相对公允和包容。巴德汉（Bardhan）从更广阔的视野探讨了政府角色的复杂性。他指出，由于发展目标的广泛性（尤其是涉及经济的结构性转型）及政府功能的多维性，再加上解决协调性失败与集体行动等方面的难题，政府角色需要重新定位。他从历史与逻辑双重角度论证了特定发展阶段政府（及政府干预）的积极作用。①

不仅在模仿赶超阶段，而且在创新活动当中，政府也能发挥重要作用。这与传统认识有很大不同。一般认为，产业政策即使有作用，也主要局限在模仿型产业或赶超型产业中。对于创新型产业，政府往往无能为力，政府干预的空间几乎为零。斯蒂格利茨就产业政策在创新型产业发展中的积极作用，给出了新的论证。一是创新活动（无论是模仿性的，还是自主性的）具有很强的正外部性，以致在某些情况下成为全行业的公共物品，造成企业的行动激励受限；二是信息搜寻和扩散具有公共物品的性质，因此单纯依靠市场机制的运作难以促使其充分提供；三是新兴产业在初期发展阶段存在市场不足甚至市场缺失的情形，这不仅涉及其自身产品的市场，也涉及相关投入品的市场，因此，为推动新兴产业的发展，需要非市场力量在鼓励创新、信息提供和市场发育方面发挥积极作用，而政府干预就是最重要且显著的非市场力量。马祖卡托（Mazzucato）提出，政府具有比修补市场失灵更重要的作用，是产业政策而非自由市场促进了创新。政府作为风险投资家，在生产性投资和创新活动中作为创新活动不确定性与风险的承担者，弥合了公共投资与私人投资之间的鸿沟；政府不仅修复了市场（弥补市场不足），而且积极地创造、塑造市场，引领创新浪潮。②

在漫漫历史长河中，特别是在经济发展过程中，政府扮演的一直是一个忽上忽下、周期沉浮的角色。在大繁荣时期，政府要么被完全忽略，要么被

---

① BARDHAN, PRANAB. State and development: The need for a reappraisal of the current literature [J]. Journal of economic literature, 2016, 54 (3): 862-892.
② MAZZUCATO M. The Entrepreneurial State: Debunking Public vs. Private Sector Myths [M]. London: Anthem Press, 2013.

看作进一步繁荣的绊脚石（比如，政府往往会警示泡沫或采取实质行动），而在大萧条或大危机之后，政府又被请上"神坛"。在理论中，政府角色从来都是毁誉参半；但政府作用的好与坏，往往是由实践而非理论来做出回答。

（二）资源配置中的政府

党的十八届三中全会提出，经济体制改革是全面深化改革的重点，核心问题是处理好政府和市场的关系，使市场在资源配置中起决定性作用和更好发挥政府作用。

市场在资源配置中的作用从调节性、辅助性，到基础性，再到决定性，是一次历史性的跨越。只有对市场决定性作用有充分认识，才能更准确地给政府进行定位。不过，当"市场决定性作用"与"更好发挥政府作用"相提并论的时候，原本清晰的认识似乎一下子又模糊起来。社会各界开始有不同的解读，有的倾向于市场的决定性，有的强调政府的作用。对此，我们最好还是回到政策文本。

首先是对"市场决定性作用"的理解。为什么要提市场的决定性作用？这里既有40年来对政府与市场关系理论和实践探索的因素，更有面对当前问题（如存在不少束缚市场主体活力、阻碍市场和价值规律充分发挥作用的弊端）所做出的理性选择，贯彻了问题导向原则。正因如此，需要从广度和深度上推进市场化改革，减少政府对资源的直接配置，减少政府对微观经济活动的直接干预，加快建设统一开放、竞争有序的市场体系，建立公平、开放、透明的市场规则，把市场机制能有效调节的经济活动交给市场，把政府不该管的事交给市场，让市场在所有能够发挥作用的领域都充分发挥作用，推动资源配置实现效益最大化和效率最优化，让企业和个人有更多活力和更大空间去发展经济、创造财富。

其次是对"更好发挥政府作用"的理解。党的十八届三中全会对"更好发挥政府作用"提出了明确要求，强调科学的宏观调控，有效的政府治理，是发挥社会主义市场经济体制优势的内在要求。全会决定对健全宏观调控体系、全面正确履行政府职能、优化政府组织结构进行部署，强调政府的职责和作用主要是保持宏观经济稳定、加强和优化公共服务、保障公平竞争、加强市场监管、维护市场秩序、推动可持续发展、促进共同富裕、弥补市场失灵。①

改革的重点是解决市场体系不完善、政府干预过多和监管不到位问题。"更好发挥政府作用"，不是要更多发挥政府作用，而是要在保证市场发挥决定性作用的前提下，管好那些市场管不了或管不好的事情。

政府发挥作用如何做到以市场决定性为前提？即一切以促进市场机制充分发挥作用、实现资源的优化配置为准绳；任何对此的偏离，就是政府作用所带来的扭曲，是要避免的。因此，以保证市场决定性为前提，政府的作用可以有两个方面：一是"修补"市场（取"修复补充"之意，包括培育市场、弥补市场失灵甚至创造市场等），实际上是"管好那些市场管不了或管不好的事情"；二是减少扭曲，主要是减少政府干预所带来的扭曲。

"修补"市场作用。这基本上是奥尔森的强化市场型（Market-augmenting）政府②、青木昌彦的市场增进型（Market-enhancing）政府③，以及马祖卡托的企业家型政府（Entrepreneurial Government）三者的结合。奥尔森认为，一个政府如果有足够的权力去创造和保护个人的财产权利，并且能够强制执行各种契约，与此同时，它还受到约束而无法剥夺侵犯私人权利，那么这个政府便是一个"强化市场型政府"。强化市场的方式不是由政府代替市场中的主体去创造财富，而是要创建现代市场经济所赖以运行的外部制度条件。青木昌彦等经济学家在研究东亚经济发展过程中政府的作用时，提出了"市场增

---

① 关于《中共中央关于全面深化改革若干重大问题的决定》的说明（2013年11月9日）[M]//中共中央文献研究室编.十八大以来重要文献选编（上）.北京：中央文献出版社，2014.

② OLSON, MANCUR. Power and Prosperity: Outgrowing Communist and Capitalist Dictatorships [M]. New York: Basic Books, 2000.

③ Aoki M, K Murdock M. Okuno-Fujiwara. Beyond the East Asian Miracle: Introducing the Market Enhancing View. The Role of Government in East Asian Economic Development: Comparative Institutional Analysis, eds. [M]. London: Oxford University Press, 1997.

进论"。其观点是，经济活动中政府协调失灵可能并不比市场协调失灵少。为此，除了依靠市场协调以外，还应积极推动不同的民间组织（包括企业组织、贸易联合会、金融中介、劳工和农民组织以及商业协会等）发展起来。这样，政府的基本职能将更多地在于促进这些组织的发展，并与其相互作用形成一种新的协调制度，而较少直接干预资源配置。马祖卡托的企业家型政府强调政府相当于风险投资家。在创新活动中，政府不仅修复市场，还积极创造和塑造市场，引领创新浪潮。总之，衡量政府干预是否妥当，关键是看这类干预是保障、强化、弥补了市场机制，还是破坏、扭曲甚至取代了市场机制。

减少扭曲作用。政府干预的初衷往往是好的，并且在特定的发展阶段，由政府干预所带来的"良性扭曲"（指扭曲在一定范围内有积极作用）也是可能的。一是后发优势。发展中国家的后发优势包括借鉴先进国家的科学技术、商业经验、市场模式等。这种借鉴甚或模仿通常比依赖自主研发创新更容易、经济风险较小。政府可通过挑选"赢家"模式，在上述活动中扮演关键角色，而来自微观主体的创新则居于次要地位。但随着经济社会发展迈向更高层次，后发优势的空间逐渐收窄，创新前沿的不确定性也相应提高，政府难以掌握充分信息做出正确决策，挑选"赢家"模式面临诸多挑战，负面作用越来越大。二是次优原理。由于扭曲的存在，往往需要引入另外的扭曲来制衡，以实现一个更有效率的、次优的结果。一个典型的例子是，在经济发展和工业化的早期阶段，由于企业家精神与资本都较为匮乏，在市场导向的大原则下，部分寻租行为可能为投资、学习、创新等行为提供激励。政府管制、体制障碍是扭曲，而寻租行为也是扭曲。以后者应对前者，是以一种扭曲应对另一种扭曲，也可能产生积极的效果。三是市场失灵。由于各种不完备性的存在，市场在处理非合作型互动（Noncooperative Interactions）方面将是无效的，从而需要政府提供指引（并提供选择性的激励或抑制）来激发个体间的合作行为。市场面临的协调失败（或更常用的"市场失灵"）为政府干预提供了重要依据。四是政治经济学的视角。此前讨论的扭曲都是以新古典经济学的市场最优均衡为参照基准。但事实上，扭曲还可以参照许多非经济因素，如国家安全、地缘政治、意识形态等。政治经济学视角就是超越纯经济分析，加入了其他利益的考量。

扭曲与发展的关系是非线性的，良性扭曲高度依赖不同发展阶段的特定语境和历史路径。跨国经验与中国的实证数据均表明，特定条件下促进发展的所谓"良性扭曲"，到了新条件下可能会成为发展的障碍。比如，后发优势、次优原则、协调失败等，都是有理论前提的，即基本上都是针对经济发展水平较为落后、面临起飞赶超转型任务，同时市场体系不发达、结构性问题严重的经济体。随着中国发展水平的提高以及市场体系的逐步完善，这些前提条件会慢慢消失，良性扭曲也就难以存在了。正因如此，要旗帜鲜明地消除扭曲，切实发挥市场在配置资源中的决定性作用，摒弃对待扭曲问题上的保留和犹豫态度。否则，在赶超的口号下，政府干预引致的扭曲会频频发生，并导致市场化改革的方向发生游移和摇摆。①

综上所述，在资源配置层面上，未来的改革要以市场经济为基本原则、基本信仰，并以此来约束、规范、调整政府的行为；不是以政府主导为信仰、为遵循，而是让市场经济来协调和配合。尽管对政府与市场作用进行排序，似乎不太符合辩证思维和中庸思想，但在实际工作中，还是需要分清主次、先后，抓住主要矛盾；否则，缺乏明晰的方向，没有得力的抓手，改革工作就会难以推进甚至陷入停滞。

（三）国家治理中的政府

全面深化改革的总目标是完善和发展中国特色社会主义制度，推进国家治理体系和治理能力现代化。"国家治理"成为推进改革的新的关键词。那么，与资源配置中的政府相比，国家治理中的政府又处于什么位置呢？

---

① 张晓晶，李成，李育. 扭曲、赶超与可持续增长：对政府与市场关系的重新审视 [J]. 经济研究，2018（1）：4-20.

治理本身是指"多元共治"。因此，国家治理，就是政府、市场、社会"三元共治"。尽管国家治理的主体是多元的，但政府是核心。理解国家治理中的政府角色，需要从三个维度来看，即国家能力（State Capacity）、法治政府和责任政府。其中，国家能力是政府作用的基础，法治政府与责任政府则是对国家能力的某种限制，是对国家能力作用范围和幅度的一种约束。

关于国家能力，还没有非常标准的定义，但至少包含：动员资源的能力，既包括政府自身掌握的资源，如政府资产，也包括政府动员资源的能力，如征税、举债等；提供制度规则及其他公共品的能力，如产权保护、公平的竞争环境、环境规制等制度规则，以及公共安全、社会公平、经济稳定等公共品；提供基础设施与公共服务的能力，既包括交通运输、机场、港口、桥梁、通信、水利等基础设施，也包括医疗、教育、社保等公共服务，实际上，不少研究将提供基础设施的能力作为国家能力的主要衡量指标；官僚体系的效率，即政府的行政能力，可以说是国家能力的基础和前提。

法治政府是以保障公民和社会的权利为依归，整个政府治理过程都纳入法治轨道。"法治"（Rule of Law）与"法制"（Rule by Law）存在着微妙的不同，前者意味着法律的地位是高于政府的，即便是最高级别的行政长官，也要受到法律的限制，按照一定的程序和规则来运作，不能为所欲为。法治政府的要旨在于：宪法和法律具有至高无上的权威性地位，一切权力行为或者行政行为都必须有法律依据，否则均视为违法。

责任政府意味着政府要对社会的公共利益负责。任何政府如果拥有权力但缺乏问责的制衡，就会产生腐败。这可以用一个简单的公式来表达：腐败＝自由裁量权－负责制①。问责制在概念上要比民主更为宽泛。问责制的实施往往体现为上级对下级的问责，而实际上，真正的问责是民众对于政府的问责。因此，如何使问责机制对政府行为形成真正的约束，是建立责任政府的关键。

---

① KLITGAARD, ROBERT. Controlling Corruption [M]. Berkeley：University of California Press，1988.

弗朗西斯·福山认为，一个国家的繁荣需要国家能力、法治政府与责任政府三者配合，缺一不可。目前，美国是国家能力较弱，而法治政府和责任政府较强；中国则相反，国家能力较强，法治政府与责任政府相对较弱。①

与资源配置相比，国家治理处在更高维度。如果说在资源配置层面，政府是以市场发挥决定性作用为前提，那么在国家治理层面，国家能力应在法治政府与责任政府的约束下实施。

（四）40年后，改革再出发

党的十九大报告指出，我国经济已由高速增长阶段转向高质量发展阶段。人民美好生活需要日益广泛，不仅对物质文化生活提出了更高要求，而且在民主、法治、公平、正义、安全、环境等方面的要求日益增长。高质量发展是新时代人们对美好生活向往所产生的直接诉求。高质量发展必然超越物质文化生活层面，触及曾经被大大忽略的物质与经济之外的发展维度。

发展新维度预示着改革新维度。改革再出发，必须全方位推进改革，才能回应新时代人们对于美好生活的更高向往。因此，虽然我们的研究重心是经济体制改革，但探讨的范围一定不能受此局限，否则，将无法理解和把握新时代的改革方向。

如果说40年前中国改革的起点和重心在市场，那么40年后中国改革的起点和重心在政府。过去的市场化推进，只要政府放手便有发展；今天的市场化推进，所遇瓶颈和障碍，归根结底在政府。展望政府改革，就资源配置维度而言，政府应是以市场发挥决定性作用为前提，减少扭曲；就国家治理维度而言，应在法治政府与责任政府的约束下施行国家能力，推进国家治理能力与治理体系的现代化。

---

① 弗朗西斯·福山. 政治秩序与政治衰败：从工业革命到民主全球化 [M]. 桂林：广西师范大学出版社，2015.

70 年来外汇政策的改革调整和成就

贺力平[①]

中华人民共和国成立 70 年来,中国已成为世界各国中拥有对外资产最多的国家之一。中国从过去的外汇短缺国变成了外汇充裕国,人民币汇率也由过去持续面临贬值预期的局面转变到能够在长时间保持基本稳定的格局。中国在外汇收支关系上取得了巨大成就,而且来之不易。70 多年来中国在外汇政策调整和改革方面经历过不少的曲折与困难。回顾过去 70 多年的发展历程,有利于总结经验教训,增强信心,以更加乐观理性的心态向未来迈进。

一、外汇政策改革调整经历的三大时期

在这 70 年中,我国外汇政策的调整和改革经历了三大时期的演变。第一个时期从 20 世纪 50 年代初到 70 年代末,这个时期以外汇高度集中管理为基本特征;第二个时期从 20 世纪 80 年代初到 90 年代中期,此阶段为转轨时期,其特征是外汇市场局部开放、外汇资源集中管理分配与市场调剂相结合;第三个时期是从 20 世纪 90 年代中期后开始的真正意义上的开放时期,目前我国仍处于这个时期的继续发展阶段。

---

① 贺力平,北京师范大学经济与工商管理学院金融系教授。

(一) 走向高度集中管理体制的计划经济时期

中华人民共和国成立后,外汇领域很快发生了巨大变化。新的外汇管理政策随着新政权的建立陆续颁布。1950年,政务院发布《外汇分配使用暂行办法》,规定全国各地的外汇收入一律由中央财政经济委员会(以下简称"中财委")统一掌握和分配使用。外汇分配的具体原则是:先中央后地方、先公后私(尚明,2000)。这个基本精神贯穿整个计划经济时期和转轨时期。

20世纪50年代初,我国很快就确立了中国银行作为大陆唯一的可经营外汇业务并主管外汇收支的金融机构。按照规定,所有外汇收入都必须出售给或存入中国银行。中央的机关、企业、团体、学校等需用外汇,由财政部按季度报请中财委核准,中国银行根据财政部批示卖给外汇。地方的机关、企业、团体、学校以及私人需用外汇,由地方主管机关核准发给证件,中国银行凭证件卖给外汇(中国银行行史编辑委员会,2001)。

这一时期的外汇政策高度依附于行政体系,外汇收入和分配都服从于集中管理体制。而且,外汇在分配上是高度歧视性的。来自私人部门(包括个人和非国营企业)的外汇需求通常得不到满足。在国营部门内部,外汇需求的分配也要取决于各个部门、地方和企业之间的"争吵"。

这一时期,外汇短缺事实上已经出现,只是由于当时对外贸易处于高度垄断和人员对外交流基本中断的背景下,普通百姓难以直接感觉到外汇短缺。外汇短缺的影响反映在一些对待个人外汇收入和存款的具体政策措施上。例如,中国银行在1956年开办甲、乙两种个人外汇存款,前者面向在华外国人,后者面向中国公民。乙种外汇存款所有人在取款时需将外汇按当日牌价兑换为人民币(中国银行行史编辑委员会,2001)。这是当时针对个人外汇存款、取款的结汇制度。

此外,针对当时外汇收入的一个来源,即海外华人华侨向国内亲属的外汇汇款(以下简称"侨汇"),外汇政策也有一些特别规定。例如,从1960

年开始,给予侨汇存款优惠利率(利率水平高于同期限人民币存款);侨汇存款支取时虽然要兑换为人民币(不能取回原存外汇或外币),但向取款人发给"华侨物质供应证票"(中国银行行史编辑委员会,2001)。这种物质供应证票又称为"侨汇券",面额与人民币等值,持券人可将其用于购买经过特别安排的商品,包括一些进口货物和国内紧俏商品(如粮食、菜油和棉布等),而且这些商品在价格上或多或少有些优惠。侨汇券的发行机构为各省粮食和商业机关,并实行有效期制度(吴晓灵,2008)。

看上去,我国是对侨汇和侨汇存款实行了优惠待遇,并力图扭转一段时期出现的侨汇收入减少的不利局面,实际上却反映了当时的计划管理体制中所存在的一系列妨碍外汇收入增长的深层次因素及由此带来的外汇短缺形势。这些深层次因素包括人民币汇率定价不够合理,高度集中的外贸外汇体制不利于出口增长,对正常外汇需求的限制客观上影响到包括侨汇资金的流入等。

1980年以前,中国对外贸易收支总量有很大增加。年度贸易总额从20世纪50年代初的不足20亿美元增加到70年代末的超过200亿美元,但收支平衡不稳定,有时顺差,有时逆差。实际上,在20世纪70年代以前,由于很少利用国际借贷,我国年度进口(外汇需求)在很大程度上受到出口(外汇供给)的制约。如果没有侨汇收入,中国国际收支很多时候就会出现逆差。事实上,这一时期的外汇储备的确不多,最多的一年(1977年)是9.52亿美元。个别年份中,外汇储备甚至为负数,例如,1974年为-0.81亿美元,1974年为零,1980年为-12.96亿美元。

(二)转轨时期的外汇管理

转轨时期外汇政策的显著特点是:一方面尽可能集中外汇资源供传统计划经济体制使用;另一方面考虑到社会经济的变化,尽可能运用多种手段调动各方面的积极性以扩大出口和吸引外汇资金流入,同时在一定程度上对正常的个人和企业外汇需求减少一些限制。在高度集中管理时期,外汇政策往往通过内部文件的形式来形成和实施，而在转轨时期，外汇政策及其调整更多地体现在公开发布的条例规定中。

1980年12月，国务院发布《中华人民共和国外汇管理暂行条例》，规定："国家外汇实行集中管理、统一经营的方针""一切中外机构或者个人的外汇收入，必须卖给中国银行""国家单位和集体组织的外汇收入和外汇支出实行计划管理"。这份体现计划经济思想的外汇政策纲领性文件一直施行到1996年1月国务院颁发《中华人民共和国外汇管理条例》之时。

按照这部暂行条例，新组建的国家外汇管理局成为外汇政策和外汇交易的主管机关。中国银行继续担负外汇领域中许多政策性功能，同时逐步走向企业化、商业化经营模式。

在这一时期，外汇领域中一些新事物不断出现，外汇政策事实上也不停地进行了许多调整。

首先，实行外汇留存制度。外汇留存制度最早见于计划经济时期（1958年），当时主要针对沿海少数几个吸收侨汇和开展非贸易业务较多的地方。1979年，外汇留存办法开始用于开展对外贸易（货物贸易）较多的部门和地方，并很快推广到开展非贸易业务的部门、地方和企业（涉及航空、旅游、酒店和部分零售企业）。侨汇以及非侨汇的个人外汇收入后来也适用外汇留存办法，即不要求个人外汇收入和存款全部按牌价兑换为人民币。中国银行在1984年推出的"丙种外汇存款"即属于此种情形。

在传统计划经济思想的影响下，外汇留存制度非常复杂，在实际实行过程中有多种多样的外汇留存。有统计说，一段时间中我国外汇留存共有120多种，留存比例为10%~100%。各单位的外汇留存额度与它们所拥有的实际外汇留存数额出现了差别，即有外汇留存额度者不一定实际有外汇资金，有外汇资金者不一定有外汇留存额度（中国银行行史编辑委员会，2001）。

其次，随着外汇留存制度的实行，外汇调剂市场出现。外汇调剂是指拥有外汇留存的单位与需要外汇资源但又无外汇留存或创汇能力的单位之间的外汇交换。1980年，我国推出这个机制时，曾规定参与外汇调剂的限额（500万美元），而且必须有一定额适用汇率和浮动比例。例如，在当时，人民币兑美元的官方牌价是1.50，贸易外汇内部结算价是2.80，外汇调剂汇价可在此基础上上下浮动10%或15%。但是，一些时候外汇调剂市场实际交易汇价高达1美元兑4元人民币。远远高出国家统一规定的人民币汇价、贸易内部结算价和调剂价格及上下限（中国银行行史编辑委员会，2001）。人民币在外汇调剂市场上的大幅度贬值，从侧面反映出当时中国仍处于外汇短缺、宏观经济形势不够稳定的局面。

外汇调剂市场从一开始就有许多的不完善和局限性。它在很长时间内不是一个全国统一性的市场，各地都有自己的交易平台，相互之间信息流通并不完全顺畅。尽管1990年后我国允许个人参加外汇调剂，但是市场并未对社会成员全部开放。一些参与者在场内、场外还必须进行外汇额度的交易，不仅交易成本高，而且交易信息透明度很低。

最后，实行外汇兑换券制度。该制度于1980年4月推出，一直持续到1994年。按照规定，携带外汇的人员入境后可持外汇按牌价兑换外汇券，并使用外汇券在境内指定的商业场所购买商品和服务，其中许多商品和服务的定价低于国内普通商场，物品种类也存在差别。实行这种制度的初衷与早年的侨汇证类似，即为入境的外汇持有人员提供一定的优惠，吸引他们将外汇兑换成与人民币等值的购物券，同时避免外汇直接在中国境内流通。但是，由于外汇券使用范围与人民币的使用范围有交叉，客观上便在一定范围和一定程度上出现了同一商品两个标价的情况，价格信号在国内市场上有了新的分化。

总的来看，转轨时期人民币汇价出现了多样性，汇率走势不稳定，外汇短缺问题不仅没有得到解决，反而更加严重了。

（三）走向开放政策的新时期

1993年10月，国务院发布《关于进一步改革外汇管理体制的通知》，明确外汇管理体制改革的长远目标是实现人民币可兑换,现阶段目标是实现"经常项目下人民币可兑换"。1993年11月,党的十四届三中全会召开,在会议中通过了《中共中央关于建立社会主义市场经济体制若干问题的决定》,其中提到,"改革外汇管理体制,建立以市场为基础的有管理的浮动汇率制度和统一规范的外汇市场。逐步使人民币成为可兑换的货币"。按照这个新的指导思想,人民币汇率体制在1994年初进行了重大调整,取消了官方牌价与外汇调剂市场汇价的差别,建立了全国统一的外汇交易市场,并逐步使外汇交易市场服务于社会各方,让各类企业和个人都能够参与到规范的外汇交易业务中。与此同时,原来实行的侨汇证和外汇券等都退出了历史舞台。

1996年1月,国务院颁发《中华人民共和国外汇管理条例》,其中第五条规定,"国家对经常性国际支付和转移不予限制"。1996年12月,中国人民银行行长致信国际货币基金组织总裁,申明中国接受基金组织协定第八条款的义务,实行人民币经常项目下的可兑换。这意味着中国的外汇管理体制真正开始走向开放。

外汇管理政策转向开放的重要表现之一是针对个人的外汇供给政策。在计划经济时期和转轨时期,中国居民个人的用汇需求通过正常渠道基本得不到满足。1994年3月,国家外汇管理局发布《境内居民因私出境兑付外汇的有关规定》,明确了国内金融机构可向符合规定并能提供必要证件、证明材料的个人提供有限额的外汇兑换。尽管手续要求复杂而且数额不大,但其向个人提供了一个外汇兑换窗口,意义十分重大。

2004年3月,国家外汇管理局发布通知说,居民个人一次性结汇金额在等值1万美元以下的,凭本人真实身份证明可直接到银行办理。2006年4月,国家外汇管理局发布《关于调整经常项目外汇管理政策的通知》,其中第三条规定,"放宽境内居民个人购汇政策,实行年度总额管理",每人每年等值2万美元,5月1日起实行。2007年1月,国家外汇管理局发布《个人外汇管理办法实施细则》,再次申明对个人外汇和境内个人购汇实行年度总额管理。

年度总额分别为每人每年等值5万美元。2007年8月,国家外汇管理局发布《关于境内机构自行保留经常项目外汇收入的通知》,要求银行停止使用外汇账户管理信息系统的"限额管理"功能。

2007年2月,我国开始实行的面向个人的"每人每年等值5万美元"外汇兑换规定具有标志性意义。这不仅显示向居民个人经常项目下几乎敞开供给外汇,而且体现了对人民币汇率保持稳定的基本信心。事实上,从那以后,人民币汇率经历了数次来自外部市场的冲击,但都成功地保持了基本稳定。有了这个起点和基础,人民币走向充分可兑换不再是遥不可及的事情。

二、外汇市场改革取得的重大成就

20世纪90年代中期,尤其是进入21世纪以来,中国加快了外汇管理体制的改革,外汇市场发展进入以开放为主线的新发展时期,中国的外汇收支和对外资产负债对比关系随之发生了一系列重要变化。中国的对外经济金融事业取得了若干重大成就。

(一)从外汇短缺转变到外汇充足

外汇短缺的一个表现是经常账户周期性出现逆差,外汇供求平衡需要依靠动用外汇储备、动用银行机构的外汇结存或者向国外借款来支持。外汇短缺的另一个表现是汇率持续走低,市场预期的基本走势是本币贬值。1993年以前,这些情况在我国经济中反复出现。1994年开始,我国经常账户收支每年都有大量顺差,直到2018年没有任何一年出现过经常账户逆差。有的年份顺差数额巨大,如2008年经常账户顺差额超过4200亿美元,与当年我国GDP比值高达9%。2005—2017年,我国每年顺差额都超过了1000亿美元。另外,我国外汇储备从1994年后逐年增加,2014年6月达到3.9932万亿美元，我国成为世界首屈一指的外汇储备国。

在这样的背景下，人民币汇率保持了基本稳定，并在很长时间内出现了升值。20世纪90年代中期，是我国国际收支格局发生根本性变化的分界点，我国逐渐成为外汇资金的充足国。

（二）从对外净负债转变到对外净债权

得益于20世纪90年代中期开始的持续性经常账户顺差，我国成为世界上最大的对外净债权国之一。2004年，国家外汇管理局开始编制发布我国对外资产负债表。2004年末，我国对外资产总额为9291亿美元，对外资产净额为2362亿美元，当年已是对外净债权国。2018年末，我国对外资产总额达到73242亿美元，对外资产净额达到21301亿美元，两个数字皆进入世界各国前列（见图1）。

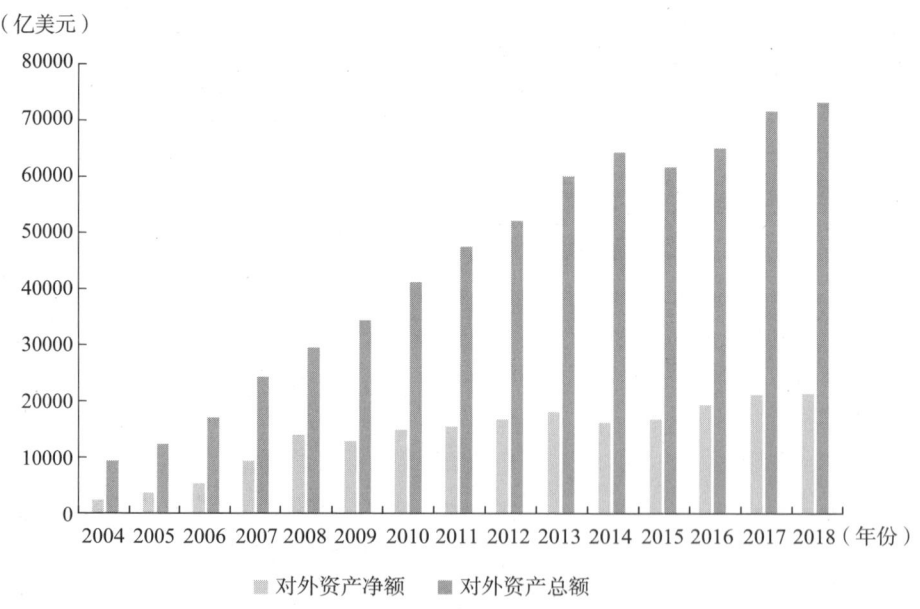

图1 2004—2018年中国对外资产净额和对外资产总额

（三）从多重汇率体制转变到单一汇率体制

在转轨时期，随着外汇留存制度和外汇调剂市场的推出，在我国外汇交易中出现了多重汇率。一是官方公布牌价，通常在数年中保持不变，主要适用于国有企业的货物进口交易。二是非贸易内部结算价，它高于官方公布牌价，但仅适用于从事非贸易交换企业和机关，如从事服务贸易的单位。在非贸易内部结算价取消后，外汇调剂市场的汇价成为适用面更加广泛的汇率。但是，各地的外汇调剂市场汇率行情并不完全一致，甚至同一个地方企业的外汇调剂汇率也不相同。在不少城市，尤其是沿海地区，外汇黑市曾十分活跃。一些中小企业、民营企业和个人不同程度上都不得不使用非规范的外汇市场，并面临和承担相应的交易成本和交易风险。

有研究者汇集了国际资料，编制出转轨时期人民币兑美元的市场交易汇价数据（丁剑平，2001）。1993年，市场汇价与官方汇价差别巨大。如1993年3月，市场汇价是1美元兑10.92元人民币，官方汇价是1美元兑5.7445元人民币，两者相差接近一半（见图2）。1994年初的人民币汇率体制改革以及相应的企业结售汇制度的改革扭转了这种局面，促使两个汇率快速并轨。1995年6月之前，两个汇价之间仍不时出现一定差别。两者的完全接近在1995年下半年才出现。此时，正是中国大力推进人民币在经常项目下可兑换的时期。外汇体制的改革带来了多重汇率体制的消除，统一的人民币汇率体制得以实现。

（四）从持续性贬值预期到人民币汇率的正常波动

在转轨时期，反复出现的外汇短缺和国内通货膨胀爬升引起人们对人民币汇率走势的贬值预期。外汇管制措施的实行也让许多企业和个人从非规范的外汇市场上寻求外汇供给，而非规范市场的汇率报价与正规渠道之间存在显著差别。事实上这也是导致人民币汇率不断走低的一个因素。

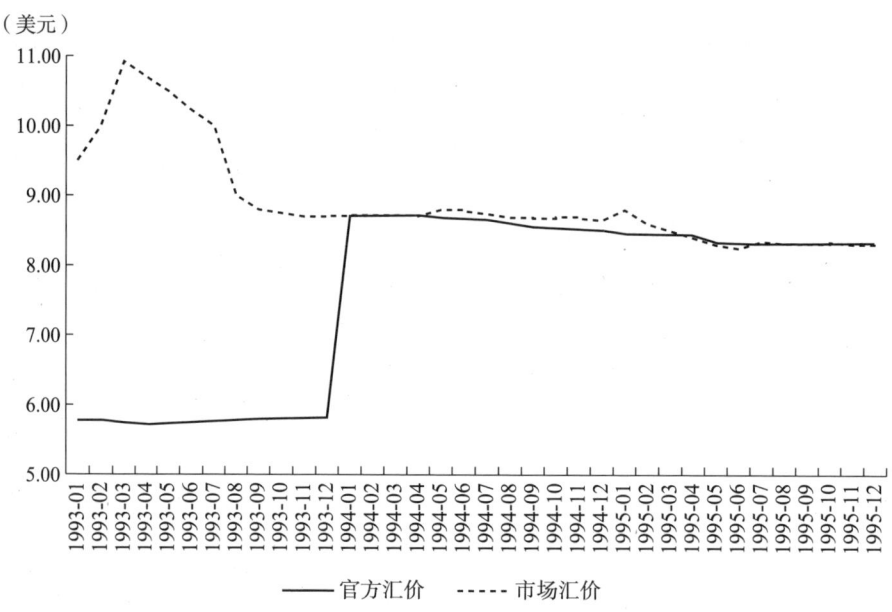

图 2　1993 年 1 月至 1995 年 12 月人民币与美元官方汇价和市场汇价对比

人民币汇率持续走低的局面从 20 世纪 80 年代初开始一直延续到 1993 年。1994 年初实行的人民币汇率体制改革以及后来不断推进的经常项目下人民币可兑换改革促使中国成为经常账户顺差国，消除了外汇短缺局面，国内通货膨胀也得到了有效控制，人民币走上了升值路径。按照国际清算银行（BIS）编制的数据，人民币名义有效汇率指数和实际有效汇率指数在 1994 年 1 月以后不断上升，有的时候甚至是大幅度上升，两个指数在 2018 年 12 月的水平都大大高于其在 1994 年 1 月的水平（见图 3）。

（五）从事实上的局部"美元化"到人民币开始国际化

"美元化"意指一定时期一国境内流通的境外货币，这些境外货币与本币在国内交易和价值储藏中形成一定的竞争关系。人们也用"货币替代"来表示类似的现象。20 世纪 80 年代初到 90 年代初，即在转轨时期，我国经济逐渐开放，在很多领域实行"价格双轨制"；同时，随着人员跨境流动的增加，

图 3　1994 年 1 月至 2018 年 7 月人民币名义有效汇率指数和实际有效汇率指数
（月度平均，2000 年 = 100）

境外货币进入国内零售流通领域的规模逐渐扩大了。在一些沿海地区，尽管主管当局大力提倡人民币和外汇兑换券，但不少零售商和国内居民仍然大量使用外币进行交易，一些商品和服务的标价甚至也采用外币标示。

有研究者估算，1993 年港元现钞在内地的流通数额达 198.9 亿港元（张钜贤、吴志荣，1998）。而当时可能还有更多数量的美元现钞在境内流通，境外货币在中国内地流通总量是一个显著的数字。这意味着当时的中国经济事实上已出现较为严重的"美元化"问题。

进入 21 世纪后，随着包括外汇政策在内的对外开放进程加快，人民币汇率的基本稳定和持续升值，人民币国际化进程顺利开启并在一段时间内得到了加速发展，"美元化"自然而然也就退热了。

三、若干重要经验教训

我国外汇政策改革调整和外汇收支 70 多年来的历程是一座经验宝库，我们可以从中得出许多有益的启示并用于指导未来的发展。

第一，外汇管制消除不了外汇短缺。我国在计划经济时期实行高度集中的外汇管理体制，在转轨时期也实行了外汇管制。但在这两个时期，外汇短缺十分严重。外汇管制是对外汇供求关系的强制性平衡，其效果只能持续很短的时间。长时间实行外汇管制极有可能带来经济关系的扭曲，使外汇资源的分配不能按照市场化方式来进行，不能做到优化。解决外汇短缺问题必须从包括外汇在内的各种经济资源合理配置入手，这要求弱化外汇管制。

第二，外汇管制和外汇短缺交织在一起，必然引致贬值预期，并形成外汇短缺与贬值预期相互驱动的恶性循环。在20世纪80年代和90年代前半期，中国经济数次出现国内严重通货膨胀和人民币对外贬值，表面上来看是由外汇短缺等因素引起的，实际上更多的是由于当时人们普遍有着人民币贬值的预期，而贬值预期与外汇管制有着密切关系。外汇管制往往带来市场对同一商品的不同标价，人民币的市场汇率与官方汇率之间的差别日益增大。后者就会在客观上推动国内通货膨胀并引起本币的进一步贬值。20世纪90年代中期以后的改革进程表明，在外汇管制逐步减少后，人民币才摆脱了以前多重汇率体制的困扰，外汇供求关系才真正转向平衡型的格局，国内公众对人民币汇率走势的信心才逐渐增强。

第三，市场化改革是消除外汇短缺的根本途径。在计划经济时期，为促进外汇收入增长，有关部门数次出台鼓励外贸发展的措施。从20世纪80年代开始，在外汇短缺更加明显并未被普通人所感知的时候，便有一系列的措施鼓励出口创汇。其中，不仅有对外贸企业的各种补贴，还有实行差别化的汇率体制（如贸易内部结算汇率）等。这些措施不能说完全没有效果，但都未能扭转外汇短缺的局面。1994年，中国开始出现持续性经常账户顺差，而这正是在进行市场化方向的外汇体制改革之后才出现的转变。

第四，"半开放"时期往往是金融风险最严重的时候。在高度集中的计划经济体制中，全社会资金几乎都在政府部门控制之下。尽管那时也有许多低效率使用资金的情况，包括外汇资金的不当使用等，但通常不会出现诸如汇率和国内金融机构的重大风险。在完全市场化的经济体制中，金融风险频繁发生，但多数都在刚刚凸显的时候就被关注和化解了。市场经济体也会遭遇重大金融风险和金融危机，但频率相对不高。一般而言，外汇市场动荡和金融风险最容易出现在转轨时期，这既是人们的预期相对不稳定、各种信息不够透明和流畅的时候，也是政策调整往往不够适度甚至出错的时候。20世纪80年代到90年代初期，我国外汇市场行情多次发生剧烈变动就是证明。

第五，人民币国际化若要取得成功，则需要人民币充分可兑换作为基础和支撑。人民币国际化起步于21世纪的第一个十年，当时正是中国开始经常项目下全面开放人民币可兑换和人民币汇率显著升值的时候。在21世纪的第二个十年前半期，人民币国际化得到了快速发展，这在很大程度上得益于中国继续坚持经常项目下人民币可兑换和实行对外金融开放的政策，也得益于人民币汇率保持基本稳定。但是，相比于国际主要货币，人民币国际化的程度还不够高，未来还有很大的提升空间。制约人民币国际化继续发展的最大因素就是人民币的可兑换性，这也是人民币目前与国际主要货币之间的显著差别之一。

70多年来，中国的外汇管理体制进行了很大改革，外汇政策已告别传统计划经济模式，中国的国际收支和对外负债资产格局与过去相比已经发生了翻天覆地的变化。展望未来，我国应更有信心继续推进包括外汇管理体制在内的经济体制改革，坚持市场化导向，在条件成熟时实现人民币充分可兑换，促使人民币国际化获得更大发展空间，为中国经济发展创造更好的外部环境。

参考文献

［1］丁剑平．中国经济国际一体化进程的实证研究［M］．长沙：湖南大学出版社，2001．

［2］尚明．新中国金融50年［M］．北京：中国财政经济出版社，2000．

［3］吴晓灵.中国金融改革开放大事记［M］.北京：中国金融出版社，2008.

［4］张钜贤，吴志荣.港元现钞在内地流通量的估计及未来发展［J］.特区与港澳经济月刊，1998（8）：40-45.

［5］中国银行行史编辑委员会.中国银行史［M］.北京：中国金融出版社，2001.

中华人民共和国70多年社会沟通方式变迁与展望

丁元竹①

社会沟通，是指发生在社会关系中的两个以上的社会实体通过常规环境（如面对面的语言的或肢体的）或技术环境（电话、普通信函、电子邮件、微博、微信等）展开的知识、信息、思想、感情等方面的交流。新中国成立70多年来，中国社会发展经历了由农业社会、工业社会向信息社会的转变。由于我国在短短的几十年间走过了西方发达国家数百年走过的历程，因此，我国农业社会、工业社会和信息社会几种形态叠加。随着生产力的发展，利益格局、公共空间、社会空间也发生了深刻变化。在信息技术进步的背景下，发生在开放社会的非正式社会沟通成为社会沟通的重要内容，沟通工具日新月异。每一次技术革命和产业革命对于人类社会而言都是革命性的。

本文探索70年多来中国社会沟通方式的变迁，并对未来发展予以展望，以求教于学界同人。

一、70多年社会沟通方式的历史演变

（一）传统农业社会中的面对面交流

1949年，中华人民共和国成立伊始，我国农村人口占全国总人口的

---

① 丁元竹，中共中央党校（国家行政学院）社会和生态文明教研部副主任、教授、博士生导师，十三届全国政协委员、全国政协文化文史和学习委员会委员。

89.36%，我国是典型的农业社会，或叫作"乡土社会"。在这样的乡土社会中，人与人之间的沟通基本是熟人之间的沟通，一种面对面的交流，表现为邻里之间、个人之间、群族之间的交往与沟通。由于生产方式和生活方式大致相同，居住在同一村落里的人，以农业耕作为主，比邻而居，社会结构基本长期处于稳定状态，没有大规模的市场交换和工业化，也就没有人口的流动，可以说这样的社会形态在中国历史上持续了几千年。费孝通在其《乡土中国》中描述道："在这里我想说明的是，生活上被土地所囿住的乡民，他们平素所接触的是生而与俱的人物，正像我们的父母兄弟一般，并不是由于我们选择得来的关系，而是无须选择，甚至先我而在的一个生活环境。"① 在这样一个长期不变的自然和社会环境中，人们之间的接触、交流、沟通时常是在不经意的时间和空间中发生的，无拘无束。人们通过亲密的接触相互影响，遵循着相同的规矩。"换一句话说，社会和个人在这里通了家。"② 费孝通的这句话把人们经常说的"习惯"一词说透了。在一个相对静止不变、邻里守望的社区环境中，一些沟通是不需要语言的，点个头，或者一个体态语言都可以"不言而喻"，甚至成为经常的沟通模式，"'我们大家是熟人，打个招呼就是了，还用得着多说吗？'——这类的话已经成了我们现代社会的障碍"③。传统农业社会中，人与人之间面对面谈话是社会沟通的基本形式。

面对面交流不是传统农业社会唯一的沟通方式。出门在外的家人、亲戚、朋友之间的信函、电话、电报、口信等也是社会沟通方式，只是比较稀少，不普遍。中华人民共和国成立之初，不在一起居住、工作和生活的亲人、朋友之间社会沟通的基本方式是书信，"鸿雁传书"是一种真实的写照。根据国家统计局的有关报告，"建国初期，我国邮政通信发展水平很低，邮路总长度仅为70.6万公里，长途明线仅为14.6万对公里。……2018年末，全国邮政营业网点27.5万处，比1949年末增长9.4倍；邮路总长度985万公里，比

---

① 费孝通. 费孝通全集（第六卷）[M]. 呼和浩特：内蒙古人民出版社，2009.

1978 年末增长 103%；光缆线路总长度达 4358 万公里"①。在那个时期，远在千里之外的家人、朋友通过短短数页和洋洋数百字的书信传递信息，抒发情感，表达思念。书信发出去后经过漫漫路途到达目的地，中间需要几个星期甚至一个月。除此之外，电报也是人们常用的交流方式，通常是发生紧急情况时的沟通方式。

交流的最佳状态是可以及时做出反馈。面对面的交流、信函、电报和电话都是交流，只是交流、反馈的速度不一样，信函和电报有时间间隔。电话和电报出现之前，面对面的沟通模式独具特点，人与人之间的社会关系比较亲近、社会空间有限，人们甚至只能通过表情、眼神、手语等相互理解，交流范围不会太大。

（二）工业化进程中的沟通方式

20 世纪 80 年代，随着改革的深入，农村经济发生了深刻变化，大量农业人口进城寻找发展机会，农村人口离开农村进入城市。这些来自全国各地不同地区的所谓"农民工"或"流动人口"在城市中打工、居住，造成了城市人口异质化，相对于传统的农村社会，城市开始变成"陌生人"社会。

这段时间，手摇电话机、轮盘电话机开始进入人们的生活。与电报相比，电话是一种可以直接互动的交流工具。随着改革开放和人们经济社会生活的需要，一些邮政部门开始经营电话业务。这个时期的电话交流内容除了亲人、朋友之间的信息、情感交流外，与工作相关的内容大大增加。经济的快速发展，催生了家庭电话的快速增长。

20 世纪 80 年代以后，报纸、电视、广播慢慢进入大众的生活。严格意义上讲，最初的报纸、广播、电视不是一种沟通方式，而是一种传播方式，因

---

① 国家统计局. 沧桑巨变七十载 民族复兴铸辉煌：新中国成立 70 周年经济社会发展成就系列报告之一 [EB/OL]. (2019-07-01). http://www.stats.gov.cn/tjsj/zxfb/201907/t20190701_1673407.html.

为它们是单向传播的，受众不能也没有办法反馈自己的意见和建议，只能被动地接受信息。当然，最近十几年，广播、电视通过电话和互联网开启了与公众的互动交流。电话是一种典型的在线互动方式，其慢慢取代了电报一开始，这种互动方式的成本极高。20世纪下半叶，电话开始在中国普及开来，之后的手机、移动网络快速发展。移动互联网出现后，尤其是"微信"和"微博"出现后，在线互动的成本才大大降低。通信革命大大改变了中国的社会网络，把每个家庭连接在一起，把国际、国内联系在一起，即时、在线交流和沟通成为常态，人们再也不需要因为漫长的等待而焦虑。

改革开放的过程也是人才、物资和资金流动的过程。自20世纪80年代起，我国每年有大量的留学生奔赴发达国家学习和交流，异国他乡的海外学子与远在国内的亲属交流是必不可少的。最初的留学生受制于经济条件，与国内的交流主要是通过书信，偶尔使用电话，限于国内家庭电话在20世纪90年代前不普及，跨国电话交流受限制，越洋电话打到邻居家或居委会、收发室是常有的事儿。20世纪90年代中期，我国开始慢慢引进互联网，远在海外的学子开始通过互联网与国内的亲朋好友联系，但受到家庭计算机不普及的影响，能够用互联网沟通的人或家庭是少数。

（三）信息时代的社会沟通

互联网技术的应用改变了人类的社会组织形式、交往形式，甚至带来了社会结构的深刻变革。信息技术的快速发展，尤其是移动互联网的广泛应用，大大推动了经济全球化，经济全球化又把全球社会化带到了一个新阶段。萨丹拉彻指出，"科技拓展了我们经济行为的'社群'范围，超越了家族、朋友圈，扩大到了由数字技术按照需求划分的亚群体，使我们能参与到社会学家朱丽叶·斯格尔（Juliet Schor）所谓的'陌生人之间的分享'中"[1]。移动互

---

[1] 阿鲁·萨丹拉彻. 共享的爆发[M]. 北京：文汇出版社，2018：8.

联网的出现、人们拥有手持电话数量增多，以及低成本等因素，将整个地区的大部分人联结成一个整体，在互联网环境下，社会空间扩大了，人与人之间的社会关系模式出现了质的变化。

手机闯入人们的日常生活，大大改变了人们的社会行为和文化生活，新闻即时性变为现实，娱乐出现了个性化和碎片化。根据国家统计局的数据，2018年，中国移动电话普及率已达到每百人112.2部；全国固定互联网宽带接入用户有40738万户，其中，固定互联网光纤宽带接入用户达到36833万户；移动宽带用户130565万户。"党的十八大以来，邮电通信全面发展，'宽带中国'建设加快实施，2018年移动宽带用户达13.1亿户，已基本建成全球最大的移动宽带网，大数据、云计算、人工智能等现代信息技术方兴未艾，高速、移动、安全、泛在的新一代信息基础设施加快建设。"互联网既拓展了人们交流和沟通的范围，也拓展了社会治理的手段。在互联网时代，个人的交往对象已经超出熟人的范围，拓展到成千上万的陌生人，如果加上间接沟通的，甚至可以拓展到数以百万计的群体规模。中国社会在最近一个时期的快速发展是与互联网密不可分的。历史的发展证明，人们密切联系的程度越高，社会进步越快，取得的成绩会越明显。互联网把单个个人联系起来了，大大提高了创新的效率，扩大了社会空间的范围，产生了新的社区，即互联网社区。

网络环境下教育领域的师生间沟通发生深刻变化。移动互联改变了学习方式，冲击着师生之间原有的社会关系模式。教师抱怨上课看手机的人越来越多，其实，这里有着深刻的社会变革因素。手机已成为人们感知的延伸，没有手机在某种情况下人们似乎失去了一定的感知，久而久之，触摸手机和不断查看手机成为人们的日常习惯。当代的大学生是在移动互联环境中长大的，在线是他们生活方式的一部分，对于教师的授课他们可能边听边查阅有关知识和信息。如果教师能够结合学生的特点，在教学模式上有所创新，教育就会向现代化迈出大大的一步。

在当代中国农村，农民使用移动互联网已经是常事，甚至60岁以上的老年人也开始使用微信收费。根据国家统计局的数据，2018年，99.7%的用户所在自然村通电话，95.7%的用户所在自然村已通宽带。随着技术进步和普及，人们担心的数字鸿沟正在逐渐消失。

二、在信息化时代培育健康的社会沟通方式

经过70多年的快速发展，中国社会的沟通方式经历了从传统的面对面交流、电报电话交流到通过互联网沟通，这种深刻的社会变革对社会发展的影响以及给社会治理带来的变革将是深远的，培育健康积极的沟通方式是新时期社会治理创新的一项重要任务。

社会沟通是通过一个个沟通主体实现的。个体与个体、个体与群体、群体与群体之间沟通的结果和效应，既取决于沟通工具，也取决于个体和群体所处的环境。尽管移动互联和视频拉近了人们的距离，但面对面的交流依然是最基本的交流和沟通形式。一个健康的社会环境是良好沟通的基础。因此，我国必须通过不断完善社会建设的各个领域来引领由新技术革命带来的社会沟通方式的变革，使线下社会沟通与线上社会沟通有机结合、互相促进。

（一）以和谐的家庭塑造个人健康心态

移动互联改变了家庭成员之间的沟通方式，但没有改变家庭作为社会基本单位和社会细胞这一基本事实。和睦的家庭、亲密的邻里关系，是家庭成员和社区成员沟通的基础，也是个人心理健康的前提。童年的记忆会深深刻在每个人的心里，甚至体现在一生的行为中。家庭是社会核心价值传承、培育、延续的初始环境，也是孩子社会化的起点。一个有着良好家庭教育的孩子，进入社会后心里会充满阳光，对生活充满友爱，对未来充满信心和希望，与周围的人群会和谐相处。

健康的个人心态源自家庭传承和社会环境。马克思说，人是社会的存在物，人们要在社会中生存、交往、交流，就必须遵循社会为维持自己既定秩序而建立的各项社会制度、社会规范、风俗习惯等。按照社会规范行事就是认同既定的社会环境，只有认同既定的社会环境才能被社会接纳。在一个被社会充分接纳的环境中，个体从容坦然，不必为自己的行为担心、内疚、自责。社会有好坏之分，建设好社会是人类孜孜以求的理想。好社会首先要有一套良好、健康的社会规范，如社会责任感是各个社会、各个民族中最普遍、最广泛、渗透性最强的社会规范之一。良好、健康的社会规范是社会成员和谐相处的前提。有品位、高质量的生活品质的前提是朝夕相处的人们都能承担起自己对社会的责任，以及人们能够坦诚自然地沟通、交流和愉快地相处。真正的、有品位的社会生活应当使人们自觉地承担起各自的社会责任和遵守社会的共同规范。家庭核心价值是互联网时代必须坚守的价值观，因为它是个人梦想启航和个人社会价值形成的地方。习近平总书记提出，"家风是社会风气的重要组成部分。家庭不只是人们身体的住处，更是人们心灵的归宿"[1]。因此，"要重视家庭文明建设，努力使千千万万个家庭成为国家发展、民族进步、社会和谐的重要基点，成为人们梦想启航的地方"[2]。

（二）在社区融合中培育健康社会生活

现代意义上的社区建设是培育社会沟通不可或缺的环节。社区，又名"共同体"，是指人们相互依存的生活和工作的社会环境，是基本的社会组织形式。在一定人文区位上相互依存与帮助而结为生活共同体是人类自然发展过程中的必然现象，作为生命个体的人与他人之间有着彼此的社会需要：他们需要沟通、认同、交流、互助、互惠、交易，从而得以生存，提升生活质量和拥有健全的精神生活。社区建设，究其根本意义，就是把单个生活的个

---

[1][2] 习近平. 在会见第一届全国文明家庭代表时的讲话（2016年12月12日）[N]. 人民日报，2016-12-16.

体通过社区互动和沟通联系在一起，参与共同体事务，建立公共利益，实现公共目标，维护生活共同体的存在与发展。

社区居民生活，也是基层人民的社会生活，它是非常具体和琐碎复杂的，乡规民约只有具体、细致、入微才能形成效力，发挥作用。个体能否得到社区成员的认同和称赞，是一个人得以立身的前提。得到认同和赞许的关键在于，作为个体的人是否遵循共同体的约定俗成、行为准则。在社区生活中，个人的品行十分重要，而个人的品行在社区生活中的具体体现，就是他（或她）如何处理与邻里之间的关系，他（或她）怎么处理发生在邻里之间的大事小情。通情达理、设身处地、承担责任、平和友好、乐于助人、与人为善，无疑是最基本的社区生活规则。社区建设不仅建设基层人民的社会生活，也是从基层建设社会的共同未来和共同价值。一个社会的共同价值和共同未来的建设不是仅靠媒体的舆论宣传，更要靠人们日常生活的孕育。社区要靠建设，也要靠治理，但根本上要靠建设。健康、向上、向善、平和、友好等要素组成的基层人民社会生活是社区治理的基础。在各类共同价值中，社会责任感是非常重要的社会价值，也是基层人民社会生活最基本的行为准则。

20世纪以来，社区价值的培育一直是社会学家孜孜以求的精神境界。社会人类学家费孝通早年与自己老师、同学一道把西方学者用来表述人类生活共同体的概念"Community"翻译为"社区"，最初他们把"社区"作为一个研究单位使用，即一个具有相互依存的、各个部分的制度搭配在一起的人文区位上的社会组织。无论是作为早期的人类学研究单位，还是现代意义上的基层建设单位，"社区"都包含了一系列社会价值、社会规范，它是健康社会生活的基础。

（三）在提升国家凝聚力中建设共同体

国家的凝聚力是社会沟通过程中的基本价值取向和基石。凝聚力是把国家和民族建设成为命运共同体的心理基础，这种心理基础的核心是文化。一种象征性的文化可能会把不同的族群联系起来。

全球化环境下，人类社会要继续存在和发展，就必须寻求共同的目标、行为规范和价值取向，时代要求处于百年未有之大变局的人们对未来做出正确的价值选择。基于对历史的追溯、学科的训练、现实的研究和全球问题的思考，费孝通在其晚年提出了"各美其美、美人之美、美美与共、天下大同"的著名表述。民族之间的社会沟通基于具有文化相对主义的价值判断，不同民族之间的价值和思维方式是不一样的，或者说具有不同的文化习惯，如果一个民族用自己的价值和思维方式去理解和解释另一个民族的行为，可能会产生误解。解释当代民族之间的行为，必须了解它们的动机、习惯和价值观，特别是根植于人们内心的核心价值更是民族文化的基本要素。互联网和全球化把人类社会的沟通带向一个新时代。

短短70多年，中国经历了不同的社会形态，目前依然处于乡土社会、工业社会和信息社会等几种不同社会形态叠加的阶段，这个叠加阶段既表现在空间上，又表现在时间上，还表现在人们外部行为和内在心态上。在没有完全脱离传统社会影响的环境下，移动互联成为新的社会组织形式和社会沟通形式。面对这样复杂的局面，探索网络环境下的社会治理意义尤为重大。网络社会蕴含巨大机遇，也隐藏着巨大风险。互联网是一把双刃剑，人们可以利用互联网来满足生活需求，提高便利性，创造新的社会环境，但是有很多人利用互联网来传播虚假信息，进行网络诈骗，甚至通过网络骗取、偷窃个人信息，造成诸多社会问题。解决好这些问题需要政府、社会、企业和社会成员的共同努力。网络社会治理已经不再是遥远的事情。随着人们感知习惯的适应和改变，网上交流就是一种现实世界的交流方式，发展互联网文化，倡导健康的社会交往方式和沟通方式是互联网时代社会治理的重要内容。

领导干部要把社会沟通作为创新社会治理的重要手段和联系群众的重要方法，作为坚持群众路线、密切联系群众的重要方式。要做到这些就必须适应新形势下的网络环境，学会在线下、线上都能做好调查研究，在线下敢于与群众面对面，在线上勇于与网民讨论，线下和线上相结合来解决好群众关心的问题；更要积极通过网络环境下的大数据分析来了解民情民意，顺应民情民意，推动社会朝着健康、和谐、积极的方向前进，努力实现社会治理现代化。

参考文献

［1］中共中央文献研究室．习近平总书记重要讲话文章选编［M］．北京：中央文献出版社，党建读物出版社，2016．

［2］国务院研究室编写组．《政府工作报告》学习问答［M］．北京：中国言实出版社，2019．

［3］何毅亭．学习习近平总书记重要讲话［M］．北京：人民出版社，2013．

［4］中国科协创新战略研究院．中国科学技术与工程指标［M］．北京：清华大学出版社，2018．

［5］米歇尔·维沃尔卡．社会学前研九讲［M］．北京：中国大百科全书出版社，2017．

［6］史蒂夫·凯斯．互联网第三次浪潮［M］．北京：中信出版社，2017．

改革开放 40 年电力发展历程及展望

柴高峰[①] 吴鸳鸯[②]

一、现代电力与电网的重要性

(一) 现代电力的重要性

1. 现代电力是现代文明的动力基础

电力作为过去 1000 年中最伟大的发明之一,在"微软百科全书"评选的十项技术发明中名列榜首。在美国国家工程院评选出的 20 项"20 世纪最伟大的工程技术成就"中,电气化名列榜首。告别了停电时代的现代电力像空气一样,无处不在,须臾不离,重要而平常。

2. 现代电力是发展程度的重要标志

电力在终端能源消费中的比重高低是反映一个国家发达程度的重要标志。根据国际能源署(IEA)发布的《世界能源展望 2018》,对于更依赖轻工业、服务业和数字技术的经济体,电力日益成为首选"燃料",电力在全球终端能源消费中的比重接近 20%,且将进一步提高。

---

① 柴高峰,国网能源研究院有限公司副院长,教授级高级工程师。
② 吴鸳鸯,国网能源研究院高级研究员,高级经济师。

3. 现代电力是最广泛的能源利用方式

电力是应用最方便、高效、优质的能源使用形态。电能可以无限分割，方便地转化为光能、热能和机械能等形式。电能易于精密控制，方便实现分散、定时、定量、定点使用。水能、核能、风能、太阳能等清洁能源的大规模应用要先转化为电能。电能在终端设备中的使用效率明显高于其他能源，仅就热效率而言，电能比燃煤高 20%，比燃油高 6%~13%。

（二）现代电网的重要性

1. 现代电网是社会经济发展的重要基础设施

电网是保障安全可靠优质供电的物质基础，是支撑地方经济社会发展的最重要基础设施。配电网是关系地区发展的重要基础设施，具有显著的保障民生特性。

2. 现代电网是多种能源输送的重要通道

水能、风能、核能等能源只有转化为电能，才能大规模开发利用。电能以光速传输，发电、输电、配电、用电同时完成。现代电网是国家能源运输体系的重要组成部分，电能以每秒 30 万千米的光速传输，让千里之外的各种能源"远在天边，近在眼前"。即使发电厂远在新疆，通过互联电网也能让电瞬间到达北京的任何一个用户。

3. 现代电网是国家能源配置的重要平台

输电网是一个国家的能源配置平台，具有显著的国家战略特性。电网可以将西部地区的煤电、水电、风电大规模输送至东部地区，实现能源资源的大范围优化配置。

4. 现代电网是现代社会人工建设的最复杂物理系统

电能在供电系统中不可大规模储存，其输送依靠真实的物理网络，电力系统密不可分并且瞬时完成发电、供电、用电的全过程。电力系统必须统一规划、统一建设，确保发电、输电、配电和用电协调发展，保证网络经济。

二、电力行业发展历程

2019年是中华人民共和国成立70周年。中华人民共和国成立前，中国的电力工业非常薄弱。中华人民共和国成立时，全国发电容量185万千瓦，相当于大亚湾两台核电机组的容量。经过改革开放40余年的发展，中国电力工业发生了翻天覆地的变化，取得了举世瞩目的成就，给社会经济发展注入了源源不断的动力。中国电力工业的发展史，是一部艰难的创业史，也是中国工业发展的一个缩影。中华人民共和国电力工业的每一次变革和发展，都与国家的变革和经济的发展紧密交织，自1978年改革开放以来中国电力发展历程总体可以分为三个阶段。

（一）第一阶段（1978—2002年）：政企分开、集资办电解决电力短缺问题

1978年12月，党的十一届三中全会做出了把党的工作重心转移到社会主义现代化建设上来的战略决策，实行对内改革、对外开放的政策，中国开始从传统计划经济体制向社会主义市场经济体制转变。当时，我国面对的是全国性严重缺电局面。20世纪80年代初至90年代中期，全国性电力短缺，"停三开四"，甚至"停四开三"。大家可以想象"停三开四"，一周七天里三天是没有电的，但这就是改革开放初期中国电力工业的真实写照。为解决电力短缺问题，我国迈出了电力体制改革的第一步——集资办电，探索"放松管制、政企分开"改革。20世纪80年代初开始的一系列改革，通过政企分开打破中央独家办电的局面，实行集资办电，多方筹集资金，解决电力供应短缺问题，强化企业市场主体地位。

一是电力管理机构调整和简政放权，形成中央和地方共同领导的电力管理体制。中华人民共和国成立以来的电力工业体制变革，经历了以下发展历

程：1949年中华人民共和国成立后，电力工业管理体制历经多次变化，从燃料工业部、电力工业部、水电部、能源部，到1993年成立电力工业部。1997年，国家电力公司成立，与电力工业部实行"两块牌子、一套班子"运行模式。1998年，电力工业部撤销，电力行政管理职能移交国家经贸委，电力工业在中央层面完全实现政企分开。

二是多种形式集资办电的投融资体制改革。电力工业以电力投融资体制改革为先导，国家出台了一系列政策措施，实行"政企分开、省为实体、联合电网、统一调度、集资办电"和"因地制宜、因网制宜"的电力改革与发展方针。电力行业放松准入限制，打破由中央独家办电格局，鼓励各类经济主体集资办电，"谁投资、谁用电、谁受益"，国家探索和利用包括中外合资、外商独资等多种形式，利用世界银行等国际组织贷款，解决电力建设投资不足的问题。

三是多种电价形式的电价改革。1985年，国务院批转国家经委等部门《关于鼓励集资办电和实行多种电价的暂行规定》的通知，集资办电政策正式推出。1987年，水电部、国家经济委员会、国家物价局联合发出《关于多种电价实施办法的通知》，出台了2分钱电力建设基金政策，对工业企业用电每度电加收2分钱电力建设资金，作为地方办电资金。同年，国务院批转国家计委《关于征收电力建设资金暂行规定》的通知，全国范围内向电力用户收取2分钱的电力建设基金。集资办电是电力体制改革的重大突破，机制创新、政策搞活，极大地激发了经济动能，充分调动了各方面办电的积极性，我国与此相适应实行了多种电价制度，电力投资和建设的效率效益大幅度提高，为工业生产和社会建设提供了有力支撑。

（二）第二阶段（2002—2012年）："厂网分开、主辅分离"，进入市场化改革时期

21世纪，我国初步实现小康并建立起社会主义市场经济体系。2001年，

中国正式加入世界贸易组织，经济发展引擎提速，产生了巨大的电力需求。电力短缺问题解决后，矛盾转化成了用电的公平问题。电力行业因为既有电网又有电厂，多卖电可以多赚钱，一些独立电厂感觉不公平。为了解决公平与效率的问题，国家对电力行业采取了一项重大改革，电力体制进入市场化导向的改革推进阶段。2002年，国家启动了以"厂网分开、主辅分离"为主要内容的电力体制改革，实现"厂网分开、主辅分离"，电力市场初步发育，电力企业快速发展。

2002年，国务院印发《关于电力体制改革方案的通知》（国发〔2002〕5号），对电力工业实施以"厂网分开、竞价上网、打破垄断、引入竞争"为主要内容的改革。根据改革方案，我国对原国家电力公司进行拆分和重组，组建了五大发电集团（中国华能集团、中国大唐集团、中国华电集团、中国国电集团、中国电力投资集团）、两大电网公司（国家电网公司、南方电网公司）、四大电力辅业集团（中国电力工程顾问集团、中国水电工程顾问集团、中国水利水电建设集团、中国葛洲坝集团）。2011年，随着中国电力建设集团和中国能源建设集团重组挂牌，主辅分离基本完成。重组后，发电侧初步形成了电力市场主体多元化竞争格局，电力领域中央企业、地方企业快速发展，有力支撑了经济社会持续快速发展，标志着我国电力工业进入了市场化改革时期。

（三）第三阶段（2012年至今）：深化电力体制改革，推动市场发挥资源配置决定性作用，电力工业高质量发展

2012年是我国社会主义现代化建设的重要节点。党的十八大提出全面建成小康社会的宏伟目标，以习近平同志为核心的党中央发出全面实现中华民族伟大复兴中国梦、建设"美丽中国"的号召。我国电力工业进入了全球能源转型背景下的新的发展阶段，由高速增长向高质量发展转型。

党的十八大以来，电力体制改革迈入攻坚期和深水期，改革新常态加快市场化步伐。2015年，《中共中央、国务院印发关于进一步深化电力体制改革的若干意见》（中发〔2015〕9号），核心内容是"三放开、一独立、三强化"。以中发〔2015〕9号文为标志，国家发展改革委、国家能源局继续印发了六大配套文件，电力工业进入了深化电力体制改革、发挥市场化作用的阶段。我国重组国家能源局，推进简政放权优化服务；实施输配电价改革，全面深化价格机制改革，电力市场建设、交易机构组建、发用电计划放开等加快实施。总体来看，伴随电力体制机制改革全面深化，巨大改革红利正逐步释放，对坚持高质量发展、不断满足经济社会发展和人民美好生活用电需求发挥了重要作用。

中发〔2015〕9号文标志着电力行业的改革进入了市场配置资源发挥决定性作用的阶段。中发〔2015〕9号文中放开了很多规定。例如，对增量配电领域进行开放，使中国电力产业结构发生了根本性变化。截至目前，全国已经批复了300多个增量配电领域试点，深圳前海供电公司是其中一个。深圳前海供电公司是一个混合所有制的公司，随着改革的不断推进我们将看到电力行业结构发生很大变化。

广东一直走在改革开放的前列。上述三个方面的改革，广东都是先行先试，比全国启动得早、力度大。第一个阶段，改革投资模式实行全国加价2分钱。广东先行加价2.5分钱，加上全国加价的2分钱，共4.5分钱。第二个阶段，"厂网分开"。2001年，广东率先把广东电力集团一分为二，分为广东电力集团公司和粤电集团。第三个阶段，深化改革，广东建设了"批发+零售"的市场架构，"价差传导+统一出清"的交易机制、计划与市场解耦的运行机制、"全电量+偏差考核"的月清月结和考核结算机制、"交易校核+安全校核"的市场校核机制，以及"省内+省外"的有效结合。2019年6月，广东电力现货市场正式结算。

三、电力行业发展成就

改革开放初期，电力供应还是稀缺品，停电成为一代人的记忆，经过40

余年的砥砺奋进，我国电力工业坚持"引进来、走出去"，实现了从追赶到引领的历史性跨越，从根本上扭转了电力供应紧缺的局面，实现了供需总体平衡，电源结构持续优化，电力科技日新月异，电力国际合作全方位深化。

（一）电力建设规模飞速发展，综合实力显著提升

一是电力装机容量迅速发展。改革开放拉开了电力建设大发展的序幕。2013年，中国电力装机容量超越美国，跃居世界第一。截至2018年底，我国电力装机容量达到19亿千瓦，是1978年的33倍，1949年的1028倍，稳居全球第一，为全面建成小康社会提供了坚定的能源保障。

二是电网建设满足资源配置需要。1978—2018年，220千伏及以上输电线路回路长度从2.30万千米增至73.34万千米，实现了户户通电和除台湾外全国电力联网。我国建成了"西电东送"、特高压电网等标志性工程，大范围优化配置能源资源能力全球领先。中国电网经历了电压等级由低到高、联网范围由小到大、技术水平由弱到强的过程，建设成为世界上最大的电网。从小网、省网到大区电网、全国联网、跨国联网，电网企业的能源配置平台功能得到充分发挥，推动清洁能源的大规模集约化发展，实现各种能源的远距离、大范围配置，引导能源的科学供给、合理消费和节约使用，优化国家能源结构。

（二）电源结构不断优化，清洁高效加快转型

一是电源结构持续改善。我国电源结构持续改善，有力支撑了能源转型和电力工业的绿色和谐发展。电力装机结构从以火、水为主演变为水、火、核、风、光并存，水电（3.5亿千瓦）、风电（1.84亿千瓦）、太阳能发电（1.74亿千瓦）等单项装机容量高居世界之首。2018年，我国非化石能源年发电量2.16万亿千瓦·时，约占年总发电量的30.9%，非化石能源电力供应能力增强。全国火电装机容量11.44亿千瓦，占全国总装机容量的比重由

1949年的91.2%下降至2018年的60.2%。其中，煤电装机容量10.08亿千瓦，在全国装机容量中占比下降到53.1%。

二是清洁化水平不断提升。40余年间，中国新增非化石能源发电装机占全球增量的1/3，成为世界清洁发电的领跑者，通过发展清洁发电、降低供电耗煤和线损率等措施，我国有力促进了大气和环境治理。截至2018年底，全国燃煤电厂100%实现脱硫后排放，已投运火电厂机组92.3%实现了烟气脱硝。全国电力烟尘排放量约21万吨（1978年为600万吨）；二氧化硫排放量约99万吨（2006年峰值为1350万吨）；氮氧化物排放量约为96万吨（2011年峰值为1000万吨左右）。在全国火电装机大幅增长的情况下，污染物总排放量显著下降，粉煤灰、脱硫石膏综合利用稳步提高。

（三）电力供应满足国民经济发展需要，电网运行安全稳定可靠

一是全国电力供需形势总体平衡。我国电力工业攻坚克难、持续创新，实现了从小到大、从弱到强、从追赶到引领的飞跃，有力支撑了中华人民共和国成立以来年均8.3%的经济增长，满足了经济社会发展需求，成为经济运行的"先行官"和"晴雨表"。用电量的快速增长，一方面反映了我国经济运行总体平稳，另一方面反映了我国经济高质量发展取得了积极进展。2019年政府工作报告首次提出，经济增速与用电、货运等实物量指标相匹配，电力数据对宏观经济佐证作用被肯定。

二是电网运行安全稳定可靠。安全是电力行业的生命线。近20年，世界上不少国家发生大面积停电事故。我国电力系统一直保持安全稳定运行，是20年来全球唯一没有发生大面积停电事故的特大型电网电力系统，国家电网做出了突出贡献。国家电网还是世界上新能源并网规模最大的特大型电网，与世界其他各国电网相比，国家电网输送的电力中，风电、太阳能发电等绿色电力是最多的。

(四)培育大批企业成长，国际合作全面深化

一是培育了大批世界一流企业。电力作为国民经济的基础产业、支柱产业，在实体经济中举足轻重。电力工业飞速发展的40余年，也是电力企业发展壮大的40余年。电力体制改革充分解除了生产关系的束缚，极大解放了生产力，通过公司化重组、商业化运营、法制化管理，各中央企业、地方企业纷纷进入快速发展阶段。截至2018年底，电力行业总资产超过14万亿元，12家电力企业进入《财富》世界500强，国际业务遍布全球五大洲，境外总资产突破2000亿美元，为推动国民经济发展做出了重要贡献。党的十九大提出，要培育具有全球竞争力的世界一流企业。2019年1月国务院国资委公布了10家企业作为创建世界一流的示范企业，国家电网位列其中。

二是国际合作全面深化。电力行业国际合作从最初的"引进来"发展到今天的"走出去"，从开始的国内发展到在以"共商共建共享"为特点的"一带一路"倡议中彰显风采，参与国际能源电力事务的能力、影响力和话语权不断增强。中国提出"一带一路"倡议以来，中国主要电力企业在"一带一路"沿线国家积极开展投资业务，92%的央企参与了"一带一路"建设。主要电力企业在"一带一路"沿线国家和地区，实际完成投资3000万美元以上的项目50多个，累计实际完成投资80亿美元；签订电力工程承包合同494个，总金额912亿美元，大力推动了我国与周边国家及"一带一路"沿线国家电网互联和全球能源互联网进程。以国家电网为例，国家电网公司积极参与"一带一路"建设，实施国际化发展战略，在境外投资运营、国际产能合作、电力互联互通、国际标准和合作交流等方面不断取得新突破。截至2018年底，公司成功投资运营了菲律宾、巴西、葡萄牙、澳大利亚等7个国家和地区的骨干能源网，境外投资达210亿美元，管理境外资产约655亿美元。深入开展国际产能合作，实现全产业链"走出去"，累计合同额超过400亿美元，带动我国电工装备出口到103个国家和地区，主导编制国际标准63项，

取得了显著成效。

（五）自主创新不断超越，管理水平不断提高

一是电力科技自主创新不断超越。我国走出了一条引进、消化吸收、再创新的道路，电力技术自主创新能力和装备国产化水平显著提升。高效、清洁、低碳火电技术不断创新，相关技术研究达到国际领先水平，为我国火电结构调整和技术升级做出了贡献。我国水电在规划、设计、施工、设备制造等方面，均处于世界领先地位，多项新、老坝型世界纪录被中国打破，80万千瓦、100万千瓦水轮机组制造技术中国独有。我国"华龙一号"三代核电技术研发和应用走在世界前列。截至2017年底，电力行业取得国家专利授权47710项，获得国家科技进步特等奖5项、一等奖18项、二等奖132项，制定国家和行业标准3000余项，主导编制国际标准60余项。[①]

二是人才素质大幅提升。我国电力企业加强了人才选拔、培育和引进，队伍素质大幅提升，结构不断优化。广大电力干部员工自觉服务党和国家工作大局，立足电力本职工作，大力弘扬"诚信、负责、合作、创新"的行业文化，在重大工程建设、重大科技攻关、重大活动保障、抗击自然灾害、供电服务保障、海外市场拓展等各项工作中勇于担当、攻坚克难，涌现出一大批先进事迹、先进人物，展现了电力人拼搏进取、创新奉献、追求卓越的精神风貌，推动中国电力工业实现了持续快速健康发展。

三是管理水平不断提高。我国电力企业坚持以人为本，通过改革和资产重组、企业再造，推进管理创新，电力企业在资产规模不断扩大的同时，逐步建立现代经营管理理念，企业盈利能力不断增强，企业核心竞争力、抗风险能力，以及管理水平不断提高，企业发展质量和效率效益持续提升。

---

① 中国电力企业联合会. 改革开放四十年的中国电力 [M]. 北京：中国电力出版社，2017.

四、电力行业发展面临的挑战

电力行业是建设现代化经济体系的重要基础和支撑，肩负推进能源生产和消费革命，构建清洁低碳、安全高效的能源体系的历史重任，但从当前电力发展改革现状来看，我国电力发展仍面临着较为严峻的形势和挑战。

一是终端能源利用效率有待提高。与世界主要国家相比，我国当前终端能源利用效率仍然偏低，按汇率法计算，我国2015年单位GDP终端能耗相当于韩国的1.8倍、美国的2.7倍、德国的3.9倍、日本和英国的5倍（见图1）。我国需要进一步提高电力在终端能源消费的比重，加大节能减排力度。

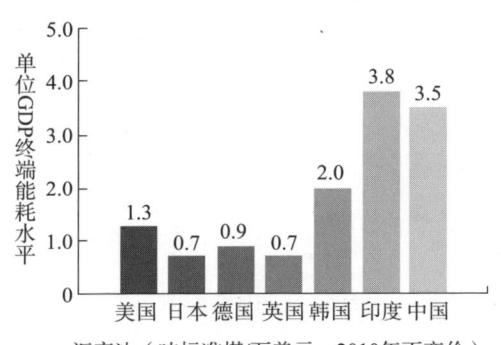

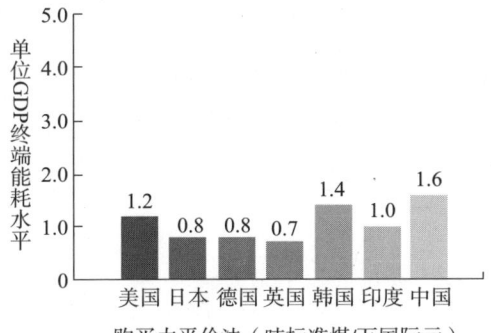

图1　2015年世界主要国家单位GDP终端能耗比较[1]

---

[1]　国网能源研究院. 中国能源电力发展展望：2018 [M]. 北京：中国电力出版社，2018.

二是清洁能源消纳问题依然突出。过去在各方共同努力下，我国通过综合施策，弃风、弃光率有所下降，云南、四川弃水电量有所减少，辽宁、福建核电限电情况有所缓解，但并没有从体制机制上解决清洁能源消纳问题，清洁能源发展面临的问题依然突出，如发展协调性不够、系统灵活性不足导致调峰困难、输电通道建设不匹配导致大范围消纳受限、水电流域统筹规划和管理较为薄弱、新能源自身存在技术约束、需求侧潜力发挥不够、市场机制不完善、政策措施有局限等问题依然没有得到较好解决，未来核电和大规模新能源发电并网消纳、西南水电开发与送出的压力和挑战会越来越大。

三是电力改革与市场化建设进入深水区。过去的40余年，电力改革全面推进、成效显著，接下来的电力改革将逐步进入攻坚克难、啃硬骨头的深水区。综合表现为以下两个特点。第一，政出多门、各地各异。各类试点在具体落实过程中，中央各部门之间、中央与地方之间、政府与市场主体之间、电力企业与社会之间协调难度大，规则不规范，市场准入标准各地各异。第二，电价体系有待完善。当前电力上游至电力各产业链乃至用户侧价格，缺乏合理的市场化疏导机制，输配电成本归集和电价交叉补贴没有科学化的监审标准，电网和社会企业投资增量配电网积极性受挫，行业可持续发展能力减弱。

四是营商环境有待进一步改善。根据世界银行2019年10月发布的《全球营商环境报告2020》，中国营商环境全球排名升至第31位，跻身全球前40，连续两年入列全球优化营商环境改善幅度最大的十大经济体。其中，获得电力指数提升2位至第12位，电力营商环境仍有持续优化的空间。对标国际最高标准，根据中央关于压缩获得电力时间的要求，全国范围内在办电环节、平均接电时间、客户平均办电成本等方面仍有持续提升的空间，确保在世界银行"获得电力"指标排名持续提升。

五是电网在可靠性和安全性等方面需要持续改善。我国现在重要城市可靠性方面基本上是5个小时，国外先进水平是几分钟时间，与国际上重大核心城市比，还不在一个数量级上，需要在下一步重点投入取得突破。另外，随着我国电力快速发展和持续转型升级，新能源发电大规模集中并网，电力系统形态及运行特性日趋复杂，特别是信息技术等新技术应用带来的非传统隐患增多，对系统支撑能力、转移能力、调节能力提出了更高要求，给电力系统安全稳定运行带来了严峻考验。此外，各类自然灾害频发，保障电力系统安全任务更为艰巨，发生大面积停电风险始终存在。

五、未来发展展望

党的十八大以来，习近平总书记提出"四个革命、一个合作"（能源消费革命、能源供给革命、能源技术革命和能源体制革命，全方位加强国际合作）的能源发展战略。我国电力工业进入全球能源转型背景下的新的发展阶段，由高速增长向高质量发展转型，要站在生态文明的高度，充分汲取 40 多年来的宝贵经验，继往开来，以"创新、协调、绿色、开放、共享"五大发展理念，加快构建清洁、安全、高效的电力工业体系，谱写我国电力行业发展新篇章。电力未来发展方向有以下四个方面的特点。

一是清洁化。中国的电力依中国能源禀赋来发展，未来清洁化将成为一个主题，能源格局向清洁主导、多种能源共同发展转变。党的十八大以来，我国对生态文明的重视达到新的高度，"绿色、环保、资源节约、环境友好"成为能源转型的关键词。未来我国能源结构将继续增加风电、光伏的比重。目前，我国风电装机总量始终保持全球领先，6 年风电装机总量增长了 2 倍；太阳能发电装机呈爆发式增长，6 年增加了 24 倍。风电、光伏发电装机容量加起来约为我国电源总装机容量的 1/5，已经成为我国第二大主力电源。国家发展改革委和国家能源局联合印发的《能源生产和消费革命战略（2016—2030）》中提到，2030 年，非化石能源消费比重将达到 20%，新增能源需要主要靠清洁能源满足；到 2050 年，非化石能源占比要超过 50%。

二是数字化。未来的电网越来越大,大电网与分布式小电网并存,多种所有制电网并存,多种能源结构并存,在这种情况下要建设广泛互联、智能互动的灵活、柔性、安全、可控的新一代电力系统是非常重要的。国家电网公司提出"三型两网、世界一流"的战略目标,倡导"开放、共享"的理念,建设平台型电网,让全社会共享电网这个平台。

三是以电为中心、电能替代将加速发展。能源消费中,电能占比将不断提高,预计2050年电能占比将从当前的25%提高到50%。可以预见,未来新能源装机规模要继续大幅增加,由此带来的新能源消纳、电网安全运行的风险将更加突出。这一发展过程既涉及新技术,要提高调度控制水平,建设完善广泛互联、智能互动、灵活柔性、安全可控、开放共享的新一代电力系统,也涉及体制机制,如全国电力市场的建设问题。

四是充分发挥市场作用。电力行业现在面临着重大挑战,中央政府工作报告中提出,连续两年降低一般工商业电价10%,这对两大电网公司来讲是重大挑战。所以,未来在继续发挥市场作用方面要更加开放。过去,电网建设是不对外开放的,或者说有限地开放,国务院前一段已经发布建设领域的限制,取消了外资对电网建设的限制性因素。更加开放的电力建设将会面临重大挑战。随着电力体制改革不断深入推进,面对行业发展的新形势、新情况,电力企业要充分发挥市场作用,面向客户、面向市场,更具智能性、互动性、友好性,加快企业转型,优化核心业务,强化经营管理,加强创新引领。

总结起来,电力发展至今已经有130多年的历史,当今社会时刻离不了电,电就像空气一样无处不在,不可替代,渗入千家万户,是我国经济社会发展的基础性、公益性行业。未来,电力行业在经济社会发展中将承担更大的责任和使命,中国企业正处于争创世界一流的关键时期,我们正在走一条前人没有走过的创新变革之路,发展前景广阔。我们将不忘初心,牢记使命,推动电力行业和企业高质量发展,共同迈入电力工业创新发展的新时代,有力支撑我国经济高质量发展，服务美丽中国建设，为服务我国经济社会发展做出积极贡献。

参考文献

[1] 中国电力企业联合会. 改革开放四十年的中国电力 [M]. 北京：中国电力出版社，2017.

[2] 王信茂. 70年沧桑巨变，电力工业成就辉煌 [J]. 中国电力企业管理，2019（25）：6-10.

[3] 国网能源研究院. 中国能源电力发展展望（2018）[M]. 北京：中国电力出版社，2018.

[4] 中国电力企业联合会. 中国电力行业年度发展报告（2019）[M]. 北京：中国电力出版社，2019.

实际汇率政策对经济增长的影响研究综述：
发展历史与演进逻辑[①]

巴曙松[②]　胡　君[③]

一、引言

近年来，"多国经济发展历程中伴随着被低估的货币和不断累积的经常账户顺差"这一显著事实引起了学术界和国际社会的广泛思考和争论。从后发国家追赶的历史经验看，日本的经济起飞为研究实际汇率政策提供了极好的现实样本，反观非洲、南美洲的部分国家，过度依赖自然资源出口造成"资源诅咒"，最终导致汇率高估与经济停滞。Williamson（2003）认为，若将汇率政策作为实现经济发展的一个政策工具，那么汇率政策应该以保持实际汇率的竞争力为目标。自布雷顿森林体系瓦解以来，汇率波动成为困扰发展中国家的重要因素，特别是随着金融全球化的推进，如何通过汇率政策制定，抑制汇率的大幅波动，促进经济稳定增长是一国开放战略中需要考虑的问题。

研究竞争性与稳定性实际汇率政策的发展历史与演进逻辑将为新时期汇

[①] 本文刊发于《财经论丛》2019年第3期。
[②] 巴曙松，北京大学汇丰金融研究院执行院长，香港交易所集团董事、总经理兼首席中国经济学家。
[③] 胡君，南京财经大学讲师。

率政策的制定提供思路。当前，在全球经济转型的新时期，在经济快速发展的发展中国家，以币值低估为主要内容的竞争性汇率政策越来越成为一种新贸易保护主义，对于竞争性汇率政策的质疑逐渐产生。在以新兴部门技术创新与产业升级为主要发展路径的新兴经济体国家，竞争性汇率政策如何形成新的方向？此外，金融开放进一步导致了资本流动加剧，特别是在国际金融危机爆发后，全球跨境资本流动骤增，如何维持稳定的实际汇率政策无疑成为促进经济持续稳定发展的重要内容。已有文献认为，政府资本账户管制往往作为维持实际汇率低估的主要途径。构建一个兼顾竞争性与稳定性的实际汇率政策框架，将更适用于新时期促进经济发展的实际汇率政策分析。基于竞争性与稳定性实际汇率政策的历史发展与演进逻辑，本文对现有文献进行梳理，试图为中国目前的汇率制度改革提供政策建议。

二、相关概念

（一）实际汇率与实际汇率政策

实际汇率的变动意味着一国相对价格水平的变动。实际汇率上升，一国会更多地进口外国商品，使得收入效应上升，但同时也削弱了出口商品的价格竞争力，降低一国出口总量。Engel（1993）最早从实际汇率"内生"与"外生"的角度，将实际汇率分解为：

$$\begin{aligned} rer &= ner + p^* - p \\ &= ner + [(1-\alpha^*)p_T^* + \alpha^* p_N^*] - [(1-\alpha)p_T + \alpha p_N] \\ &= \underbrace{ner + p_T^* - p_T}_{\text{外生因素}} + \underbrace{\alpha^*(p_N^* - p_T^*) - \alpha(p_N - p_T)}_{\text{内生因素}} \end{aligned}$$

其中，rer 是实际汇率的对数表达式，ner 是名义汇率的对数表达式，即本国价格总指数的对数形式，p_T 是本国可贸易品价格指数的对数形式，p_N 是本国不可贸易品价格指数的对数形式，α是本国不可贸易品占总体价格指数的比重，相应的外国变量加星号（＊）表示。上述公式中的外生变量主要是名义汇率以及国内外贸易部门价格的影响，名义汇率主要受政策调控的影响，国内外贸易部门的价格之比在竞争性的国外市场上是由外生变量（运输成本或时间成本）决定的。内生变量在国际环境没有显著变化的情况下，反映了国内相对价格的变化，所以也可将之定义为内部实际汇率。实际汇率中的外生因素构成了实际汇率政策的基本内容。实际汇率政策的主要内容是通过干预外汇市场、管制资本流动等政策影响实际汇率的决定变量来促进实际汇率的低估，进而实现经济增长，因而实际汇率政策通过降低一国出口产品的相对价格来提高产品竞争力，这成为发展中国家的重要贸易政策手段。

主流文献将实际汇率偏离均衡汇率的程度作为实际汇率政策的衡量指标，并从两个方面对均衡汇率以及汇率偏离进行了研究。首先，基于宏观经济基本面的均衡汇率与实际汇率偏离测度。Edwards（1989）认为，实际汇率均衡的宏观经济基本面变量包括贸易条件、国际转移和实际利率水平，以及与宏观政策相关的进口关税和配额、出口税、外汇交易与资本流动的管制等方面。其次，基于购买力平价的均衡汇率与实际汇率偏离测度。通过"巴萨效应"拓展的购买力平价方法确定汇率均衡状况的主要依据是各国实际人均收入与实际汇率之间的回归关系。是否存在 BS 效应成为衡量实际汇率是否低估的标准。一项值得注意的研究是，Bresser-Pereira（2008）提出一种产业均衡汇率，这是一个能够适应现代工业贸易部门发展的汇率水平。特别是，在发展中国家，其市场均衡实际汇率会倾向于比产业均衡汇率升值更多，而实际汇率升值会引发通货膨胀，从而限制贸易部门的产业竞争力。根据 Bresser-Pereira 的概念框架，一个国家实际汇率偏离的程度等于产业均衡汇率与市场均衡汇率之间的差异。

（二）竞争性实际汇率政策与稳定性实际汇率政策

传统汇率理论认为，竞争性实际汇率政策是指通过汇率低估实现出口产品的价格优势，从而帮助重塑一国出口产业的国际竞争力。东亚经济体更多倾向于利用实际汇率低估实现经济增长。此外，新近的汇率理论还从技术溢出的角度对竞争性汇率政策进行了新的探索。Stiglitz 和 Greenwald（2014）认为，竞争性实际汇率政策甚至可以作为促进工业部门或更普遍的生产部门发展的宏观政策，解决自由市场条件下的一些市场失灵，即利于一些具有较大学习溢出效应（对其他经济体的技术学习产生的溢出效应）的可贸易"新生部门"。总之，竞争性汇率政策会对市场形成干预，纠正市场失灵，促进具有较大学习溢出效应的新生部门的产生和发展。

稳定性实际汇率政策主要是以币值稳定为主要政策目标，通过外汇储备干预或有管理的汇率制度降低汇率弹性来实现。最优实际汇率政策是稳定的，造成汇率不稳定的根本原因在于生产可贸易（出口和进口竞争）商品和服务的不确定性，在假设企业是风险规避的条件下，此类行业的投资及相应公司的现金流波动会受到阻碍。另外，从国际收支和国内金融波动的角度来看，汇率弹性确实会产生一定程度的货币政策自主权。因此，依靠货币政策来管理资本流动的波动性对于那些对汇率和利率特别敏感的部门而言是不利的。

三、"二战"后的经济追赶与竞争性实际汇率政策

（一）竞争性实际汇率政策的历史分异："东亚奇迹"与"拉美陷阱"

"二战"之后，世界贸易改变了原有的世界经济体系，后发国家希望通过参与全球贸易来实现经济起飞。但从历史的分异来看，东亚国家通过参与全球生产分工，发展出口导向型经济，促进工业化的快速推进，实现了"东亚奇迹"，但拉美国家仍然依赖资源型产业的出口，导致"荷兰病"和"资源诅咒"问题，最终陷入"拉美陷阱"。这一历史分异与一国汇率政策的实施密切相关。世界银行针对东亚国家的经济增长奇迹，将成果归因于这些国家与

地区在贸易自由化过程中保持各自的汇率竞争力，从而促进出口推动型战略的实现。为了提高出口商品的国际竞争力，各国偏向于采用竞争性实际汇率政策，即汇率低估政策。韩国政府对金融市场和劳动力市场的严格控制增强了制造业企业对汇率低估政策的支持。在这一时期，韩国成功实施了韩元汇率低估政策，出口导向政策通过实际汇率低估的贸易保护政策促进了后发国家工业部门的发展。

反观拉美国家的工业化进程，多数拉美国家高度依赖初级产品出口，"二战"后大多数拉美国家采取内向型的进口替代战略，通胀一直是其经济发展的顽疾。汇率不稳定和高通胀对拉美国家的宏观经济产生显著负面影响，最终阻碍经济跨越。Corden 和 Neary（1982）的三部门模型，假设充分就业且不考虑货币的作用，说明了自然资源密集型行业的繁荣如何限制工业化进程，模型表明发展较落后的贸易部门将受到发展迅速的贸易部门的负向影响。在发展迅速的贸易部门中工资将增加，从而激励工人从其他经济领域，即不可贸易和发展落后的贸易部门向其转移。由于模型中假设没有失业，劳动力转移将导致快速发展的行业部门对其他部门产生负面影响，这种效应被称为"资源转移效应"。发展落后的贸易部门所遭受的另一个负面影响被称为"支出效应"，即发展迅速的贸易部门增加了对整个经济的消费支出，导致物价和工资在非贸易部门的增加。然而，由于发展落后的贸易部门受国际竞争影响难以提高价格，因此，这个行业的工资提高会挤压利润并引发向不可贸易部门的转移。支出效应最终提高了不可贸易品的价格，导致实际汇率升值。由"荷兰病"所导致的实际汇率偏离程度取决于支出效应的强度。由此看来，在采用不同发展战略的国家经济发展中，汇率都扮演了非常重要的角色。

（二）竞争性实际汇率政策对经济增长的促进机制

历史经验表明，竞争性实际汇率政策对发展中国家更为有效。对于发展中国家而言，长期的结构性失衡以及市场与政府的失灵成为影响经济增长的重要制度背景，而实际汇率政策对经济增长的影响机制与制度背景相关。

首先，发展中国家的二元结构是深入研究实际汇率政策对经济增长影响机制的重要视角，生产要素在部门间的配置会对实际汇率等内生变量造成不可忽视的影响。实际汇率低估促进一国经济增长是通过跨部门的资源配置机制实现的。一是"剩余劳动力动员机制"，指汇率低估可提高贸易品部门的出口需求，进而刺激贸易品部门增加投资，剩余劳动力的存在使得可贸易部门收益递增，最终实现经济增长。二是"资本积累机制"，即汇率低估通过影响一国的储蓄和投资，提高该国的资本存量，从而促进经济增长。三是"全要素生产率提高机制"，即汇率低估将通过促进贸易部门的"出口中学习"效应，实现技术进步与技术升级，并通过技术外溢促进非贸易部门生产率的提高，最终实现一国经济整体的生产率提高与经济增长。

其次，在分析实际汇率低估的经济增长效应时，学者发现普遍的市场失灵是汇率低估发生作用的重要现实背景，而实际汇率低估主要通过一种次优的调整机制来纠正发展中国家的市场失灵。罗德里克提出两个理论来解释为什么发展中国家应当通过实际汇率政策更多地投资于可贸易部门，第一个理论是基于假设可贸易品更容易遭受市场失灵，现代制造业部门的可贸易品是经济增长的一个关键推动力，许多可贸易制成品不同程度地受到外部性和其他市场失灵问题的影响，如学习溢出效应、部门间的协调问题、长期贷款的缺乏都对工业部门的发展提出挑战。第二个理论解释与政府失灵相关，政府失灵会很大程度影响技术复杂度更高的产品，这些往往是工业部门的制成品，而此类失灵包括了合同的难以执行和地方腐败。罗德里克认为，汇率低估可以鼓励投资创新型部门与知识外溢型部门以及促进技术复杂程度较高的可贸易部门的发展，而低收入国家的市场和政府失灵往往更为严重，因此汇率低估会使贸易部门受益颇多。

（三）竞争性实际汇率政策促进经济增长的经验证据

实际汇率低估对一国经济增长的积极影响在大量实证研究中得到证实，

且实际汇率低估和经济增长之间呈正相关关系，但这种关系在发展中国家应该更明显。Gala（2007）运用58个发展中国家1960—1999年的国别面板数据，发现各国实际汇率贬值有利于经济增长，其利用中国大陆、印度、韩国等经济体的数据发现，这些国家的汇率低估与人均GDP的相关度非常高。Vaz和Baer（2014）发现，实际汇率低估与部门产出增长率的正相关关系在拉美国家更显著。从跨国比较来看，实际汇率低估不利于发达经济体的经济增长。Kamin和Rogers（2000）以1981—1995年的美国季度数据作为样本，通过构建四个变量的向量结构自回归模型，加入了利率、经济增长、实际汇率和通货膨胀等变量，实证结果发现汇率低估会造成通货膨胀，从而对经济增长产生不利影响。Berument和Pasaogullari（2010）利用向量自回归模型以及季度数据，实证检验土耳其实际汇率低估的经济增长效应，结果表明，土耳其的实际汇率贬值对经济增长具有紧缩效应。

四、后金融危机时期的汇率波动与稳定性实际汇率政策

（一）后金融危机时期的汇率波动

事实上，自20世纪70年代布雷顿森林体系瓦解以来，越来越多的国家声称货币自由浮动，浮动汇率带来的是货币币值的高波动性与摇摆不定。但经验证据表明，以往发展中国家从固定汇率制度转向自由浮动汇率制度的现象被过分夸大，与那些汇率确实发生自由浮动的国家（如美国、澳大利亚、日本）相比，其汇率波动水平相当低，存在普遍的"害怕浮动"现象。亚洲金融危机对发展中国家的汇率波动带来重要影响，使得大多数发展中国家都采用了有限的自由浮动汇率制度。

2008年国际金融危机爆发后，以美国为首的全球主要经济体率先实施前瞻性指引、调整资产负债表结构和规模等量化宽松货币政策，加剧了国际金

融市场的动荡，汇率波动加剧。尤其是美国通过退出量化宽松政策，提高国内利率，导致新兴经济体国家因受资本外流和大宗商品价格下滑等影响，经济增长明显放缓。2018年以来，土耳其、阿根廷、巴西、南非、印度尼西亚等新兴经济体的货币均出现较大幅度的贬值，融资环境明显恶化。此次汇率危机与亚洲金融危机存在某些相似之处，直接诱因是美国收紧货币政策，大量资金离开新兴经济体，而深层次原因则是上述经济体自身技术差距、经济结构和金融体制存在问题，造成对海外短期融资的高度依赖。不过，相比阿根廷比索、土耳其里拉、印度卢比、南非兰特等新兴市场货币逾10%的年内跌幅，人民币表现得相当"坚挺"。这得益于中国资本项目尚未完全开放，央行可以侧重于收紧资本跨境流动遏制汇率下跌。

（二）汇率波动对经济增长的影响机制

在理论研究上，汇率波动对经济增长的影响并没有一致的结论，但汇率波动对于发展中国家与新兴市场国家均产生不利的影响，新兴市场国家的汇率波动幅度要远远大于金融危机时的全球波动幅度。汇率波动影响经济增长主要有三个渠道。一是汇率波动的贸易规模效应。汇率的不确定性通过改变商品相对价格，加剧了国际市场风险，从而对出口贸易产生负面影响。二是汇率波动的资本流动效应。汇率波动可视为一种投资环境的风险信号，汇率波动增加了企业收集信息的难度和交易的不确定性，导致企业推迟投资，从而减少国际投资活动。此外，汇率波动不仅会阻碍资本向新兴经济体的流入，形成"资本中断"，还会引起资本的外逃现象。三是汇率波动的金融稳定效应。Reinhart和Reinhart（2008）研究发现，新兴市场国家的资本流动往往伴随较高概率的金融危机和经济危机。从货币错配的角度来看，汇率波动会通过货币错配影响企业和银行的资产负债状况，加剧银行危机。

(三) 稳定性实际汇率政策促进经济增长的经验证据

目前关于发达国家汇率波动对经济增长的影响存在较大争议，Bredin，Fountas 和 Murphy（2003）研究发现汇率波动对发达国家的贸易增长具有正面影响，但对于发展中国家的研究，结论在很大程度上趋于一致。Grier 和 Smallwood（2007）认为，欠发达国家汇率波动具有负效应。Cottani 等（1990）认为，稳定的汇率政策是促进经济增长的重要因素。如果实际汇率波动幅度大，就会导致相对价格的不确定性和风险增大，不利于一国经济增长。Cottani 等通过测度实际汇率偏离程度及其波动性，并在 1960—1983 年的 24 个发展中国家样本内实证检验实际汇率和经济增长之间的相关性，最终结论显示，更高的实际汇率稳定性有利于发展中国家的经济增长。此外，有研究表明，高度波动的汇率对经济增长具有负面影响，而适度的汇率波动对经济增长具有积极影响。一个早期研究探讨了实际汇率偏离程度与经济增长之间的关系，Razin 和 Collins（1997）通过测度实际汇率偏离，并将其变量分解为低估和高估等不同层次，发现证据支持实际汇率偏离对经济增长的非线性影响这一假说，一方面，只有高水平的汇率低估对经济增长有积极影响；另一方面，只有高水平的汇率高估对经济增长有负面影响。此外，Aguirre 和 Caldero'n（2005）认为汇率低估只有在一定区间内才能促进经济增长，当跨过一定的门槛值时，汇率低估将不利于经济增长。

五、新时期的实际汇率政策：兼顾竞争性与稳定性

新时期，众多发展中国家面临增长转型与扩大开放的双重压力，一方面，竞争优势的转型过程预示着竞争性货币贬值已经难以构成经济增长的内在动力；另一方面，各国在日益开放的全球化背景下迎来了资本流动的持续增长，这个深刻的变化给发展中国家宏观经济政策的设计和实施带来了极大的挑战。

正如 Guzman，Ocampo 和 Stiglitz（2017）认为，一个新的兼顾竞争性与稳定性的实际汇率（Stable and Competitive Real Exchange Rate，SCRER）政策，将是促进一国经济发展的重要政策框架，而新时期发展中国家如何利用竞争性实际汇率政策来促进经济增长，以及面对汇率市场化和资本账户开放带来的汇率波动，如何制定适宜的汇率政策，将是需要解决的问题。

（一）新时期实际汇率政策框架：兼顾"竞争性"与"稳定性"

首先，新时期汇率政策的制定需要保证一国竞争性实际汇率的偏离是适度的，即促进一些具有较大学习溢出效应的可贸易"新兴部门"的发展。在发展中国家由于信贷限制以及市场竞争，其发展规模会受到不利影响。竞争性的汇率政策会形成干预措施，纠正市场失灵，促进具有较大学习溢出效应的新生部门的出现和发展。Bresser-Pereira（2008）认为，发展中国家需要根据自身的发展情况来制定竞争性的汇率政策，一是需要与其他传统产业政策相辅相成；二是需要将汇率政策效应传递到关键生产部门，即外部性较大的部门；三是关注这些政策的实施对社会的影响以及政策之间的权衡。

其次，汇率政策的制定需要确保一国实际汇率的偏离是稳定的。一方面，企业一般是风险厌恶型的，当面对汇率风险时，企业不仅关注平均汇率水平，还会考虑汇率的波动性问题，这将阻碍企业的再投资以及企业内的现金流，而汇率波动将不利于生产规模的动态调整，从而抑制了生产效率的提高与长期经济增长。刘啟仁和黄建忠（2017）认为实际有效汇率变动对出口企业研发投资会产生不利冲击。另一方面，从国际收支和国内金融波动的角度来看，汇率波动还能够影响资本流动，而资本流动又将促进汇率的波动。此外，汇率弹性确实会产生一定程度的货币政策自主权。在经常项目赤字增加（贸易逆差）条件下，汇率政策虽然吸引额外的资本流动，但是这种资本账户的积极作用由于经常项目赤字的增加而被"吸收"，导致外部资产负债表的恶化，提高了国际收支危机的概率和潜在成本。因此，需要对资本流动或汇率市场进行直接干预,以保证稳定性实际汇率政策是合理的。

(二) 兼顾竞争性与稳定性实际汇率政策的配套条件

单从汇率政策出发,难以实现其政策目标。实际汇率政策在传导过程中可能会出现两方面的问题:一是实际汇率将会对所有部门产生影响,这种无偏的汇率政策可能难以实现对新兴部门的促进效应;二是实际汇率调整将带来国际资本流动加剧的风险,从而削弱实际汇率政策的有效性。因此,一个兼顾竞争性与稳定性的实际汇率政策同样需要相对应的国内政策进行协调。

1. 产业政策与实际汇率政策的协调

广泛并且持续地实施各种产业促进与指导政策是我国政府在经济增长中发挥积极作用的一个重要方式,这也是许多东亚发达国家在工业化进程中所实行的政策。然而,追求竞争性实际汇率政策意味着"隐式"补贴到所有可贸易部门,也包括那些不具有学习外部性特征的贸易部门。但历史经验表明,对于资源型产业的依赖将导致对新兴部门的投入不足,最终导致生产率下降与经济停滞。而通过对具有负外部性和较小学习溢出效应的部门征税(包括出口税)使部分商品价格提高并促进新兴行业的发展,这种政策方法创造了事实上有效的多重汇率制度,从而使新兴部门的出口相对更有竞争力,其好处是根据实际汇率政策调整不同部门边际社会收益的相对价格,从而产生有利于结构调整的分配效应。需要强调的是,产业政策必须特别针对上游、下游和横向联系的利用,即利用产业的外部性。对于这种类型的经济,促进有更大学习溢出效应活动的联系是有效产业政策的基础,可以增强产业的竞争力。因此,与实际汇率政策协调的产业政策的最终目标是通过促进外溢性较强的新兴部门的发展,实现生产率的提高。

2. 资本账户管制与实际汇率政策的协调

资本账户管制主要是对居民与非居民持有跨境资产及从事跨境资产交易、

实现货币自由兑换的管制，其在宏观调控中扮演多重角色。首先，作为宏观经济政策工具，资本账户管制为逆周期货币政策提供了更大的空间。在繁荣期间，它们拓宽紧缩货币政策的空间，同时避免这种货币政策可能产生的汇率升值压力。其次，作为一种金融稳定工具，资本账户管制旨在缓和短期资本特别是短期债券以及证券组合投资流动。资本账户管制降低了资本账户周期波动性的强度。当前利率市场化、汇率制度改革和资本账户开放已成为中国金融改革开放的三大核心内容。然而关于三者改革的次序，学界仍然存在激烈争论。余永定和张明（2012）等提出，在完全开放资本账户之前，要先完成人民币利率和汇率的市场化改革。盛松成和刘西（2015）、伍戈和温军伟（2013）等认为中国资本账户开放的前提条件是相对的，资本账户开放与利率、汇率制度改革需要协调推进。然而，若将汇率政策看作一国实现经济增长的重要手段，就应该意识到如何实现经济增长才是判断政策改革优先次序的重要标准。若是一国在没有完成汇率自由化的情形下开放资本账户，那么资本账户开放时的汇率低估会在短期内吸引更多国外资本流入，带来暂时性的经济繁荣；但这段时期该国的通货膨胀率会显著上升，呈现出短期经济过热。因此，资本账户开放将会限制实际汇率低估对长期经济增长的影响，甚至会导致负向作用的出现。

总之，正如 Guzman, Ocampo 和 Stiglitz（2017）认为，有效的实际汇率政策一方面取决于竞争性实际汇率政策的实现，另一方面取决于竞争性实际汇率能否长期维持（实际汇率偏离如何保持稳定）。竞争性实际汇率的挑战之一就是能否避免名义汇率的贬值效应大幅传导给国内商品价格。有证据表明，名义汇率波动较大的国家具有较大的传导弹性，因此需要以名义汇率稳定为目标的政策来补充，降低价格传导，保证 SCRER 政策的可持续性。但如果最终实际汇率政策导致国内的通胀压力，则会严重偏离 SCRER 政策的目标，从而导致实际汇率政策和其他工业政策的失败。当新兴部门生产率的发展超过了实际汇率低估导致的通胀效应时，这一政策将会促进一国的经济增长。阿根廷的例子能够反映政策失败的风险：当一个国家采取 SCRER 政策（2003—2008 年）时，宏观经济反映是成功的；当一国不再执行这一策略（自 2010 年以来）时，经济表现则较差。

六、结论与启示

从经济增长的角度来看，当前的汇率改革，一个兼顾竞争性与稳定性的实际汇率政策框架对于处在特定发展阶段的发展中国家而言是较为必要的。结合我国实际汇率政策的发展情况，本文得到如下结论与启示。

其一，适宜的实际汇率低估对发展中国家的经济发展与赶超具有重要的促进作用。当前，诸如国际货币基金组织等机构均认为人民币实际有效汇率在过去一年中大幅升值，人民币币值不再被低估，或判定中国不是汇率操纵国。然而，中国实际有效汇率的升值是否与中国经济增长趋势相一致尚未形成统一的结论。根据"巴拉萨-萨缪尔森效应"的测算研究，中国经济增长必将伴随着实际汇率升值，但其忽视了中国尚处于结构转型阶段的基本事实，一定程度上的低技能劳动力的富余和经济结构的不断调整，使得中国具有长时期维持低水平汇率的经济基础，而并不存在人为的低估问题。本文认为，与现有产业结构相适宜的汇率才是一国的最优汇率。从人民币实际汇率政策的竞争性来看，随着人民币实际汇率的不断升值，人民币汇率的竞争性正逐渐丧失。本文指出，竞争性汇率政策并非实现人民币汇率的大幅低估，而是维持一个适用于产业发展的均衡实际汇率，而这一汇率往往低于市场均衡汇率。从现实来看，2014 年以来汇率升值过快，以致形成了一定程度的人民币汇率高估，这既不利于中国经济增长，也不利于金融市场稳定。

其二，大幅度实际汇率贬值或升值是最不利于经济增长的政策组合。从人民币汇率政策的稳定性来看，人民币实际汇率的波动正逐渐削弱实际汇率政策对经济增长的正向影响。在促进汇率改革的进程中，中国渐进式推进资本账户开放,一方面可能给一个国家带来巨大的收益,另一方面可能蕴含着重大的风险。资本账户开放是一把"双刃剑",它对提高我国资本的利用率、提升金融体系的效率、促进投资具有重要作用,但可能造成金融体系的不稳定。丁志杰和谢峰(2017)也认为汇率不稳定对中等收入国家经济跨越的影响不容忽视,名义汇率变动不仅直接影响美元表示的跨越速度,还对物价稳定产生冲击,由此对实际经济增长产生的负面影响比其他国家大得多。

其三,实施产业政策与资本账户管制是实现实际汇率政策的重要配套措施。一方面,选择性的产业政策将增强实际汇率政策的溢出效应,进一步增加新兴部门或高技术产业的汇率弹性。这一偏向型的产业政策将带来多重汇率,对于资源型产业采取较高的税收或较低的政府补贴,能够在实施实际汇率低估政策中更多地偏向于外部性较强的行业或企业,增强实际汇率政策的增长效应。另一方面,资本账户管制将成为重要的政策工具,它不仅可以作为宏观经济政策工具,还可以作为金融稳定工具。在当前中国利率市场化、汇率制度改革和资本账户开放协调推进的关键时期,我们应当认识到实际汇率政策在促进一国经济增长中发挥的重要作用,加强汇率政策与货币政策的协调机制,渐进审慎地进行资本账户开放,避免汇率波动对新兴贸易部门产生不利影响。

参考文献

[1] YUEH L. The Economy of China [M]. Cheltnam UK: Edward Elgar, 2010.

[2] WILLIAMSON J. Exchange rate policy and development strategy [J]. Journal of african economies, 2003, 6 (3): 17-36.

[3] JEANNE O. Capital Account Policies and the Real Exchange Rate [R]. NBER Working Paper, 2012.

[4] GUZMAN M, OCAMPO J A, STIGLITZ J E. Real Exchange Rate Policies for Economic Development [R]. NBER Working Paper, 2017.

[5] ENGEL C. Real exchange rates and relative prices: An empirical investigation [J]. Journal of monetary economics, 1993, 32 (1): 35-50.

[6] EDWARDS S. Exchange rate misalignment in developing countries [J]. The world bank research observer, 1989, 4 (1): 3-21.

[7] BRESSER-PEREIRA L C. The dutch disease and its neutralization: A ricardian approach [J]. Brazilian journal of political economy, 2008, 28 (1): 47-71.

[8] STIGLITZ J E, GREENWALD B C. Creating a Learning Society: A New Approach to Growth, Development, and Social Progress [M]. New York USA: Columbia University Press, 2014.

[9] CORDEN W M, NEARY J P. Booming sector and de-Industrialisation in a small open economy [J]. The economic journal, 1982, 92 (368): 825-848.

[10] GALA P. Real exchange rate levels and economic development: Theoretical analysis and econometric Evidence [J]. Cambridge journal of economics, 2007, 32 (2): 273-288.

[11] LEVY-YEYATI E, STURZENEGGER F, GLUZMANN P A. Fear of appreciation [J]. Journal of development economics, 2013 (101): 233-247.

[12] AKRAM V, RATH B N. Exchange rate misalignment and total Factor productivity growth in case of emerging market economies [J]. International economics and economic policy, 2018, 15 (3): 547-564.

[13] RODRIK D. The real exchange rate and economic growth [J]. Brooking papers on economic activity, 2008 (2): 365-412.

[14] VAZ P H, BAER W. Real exchange rate and manufacturing growth in latin America [J]. Latin American economic review, 2014, 23 (1): 1-17.

[15] KAMIN S B, ROGERS J H. Output and the real exchange rate in developing countries: An application to mexico [J]. Journal of development economics, 2000, 61 (1): 85-109.

[16] BERUMENT H, PASAOGULLARI M. Effects of the real exchange rate on output and inflation: Evidence from turkey [J]. Developing economies, 2010, 41 (4): 401-435.

[17] COUDERT V, COUHARDE C, MIGNON V. Exchange rate volatilit across financial crises [J]. Journal of banking & finance, 2011, 35 (11): 3010-3018.

[18] 谷宇,高铁梅. 人民币汇率波动性对中国进出口影响的分析[J]. 世界经济, 2007(10):49-57.

[19] PAPADOPOULOS A P, ZISG. A monetary analysis of the drachma/ECU exchange rate determination, 1980-1991[J]. Empirical economics, 2000, 25(4):653-663.

[20] REINHART C M, REINHART V R. Capital flow bonanzas: An encompassing view of the past and present[R]. NBER Working Paper, 2008.

[21] 段军山. 汇率波动、货币错配与银行稳定:理论及经验分析[J]. 兰州商学院学报, 2006(5):58-63.

[22] BREDIN D, FOUNTAS S, MURPHY E. An empirical analysis of short-run and long-run irish export functions: Does exchange rate volatility matter?[J]. International review of applied economics, 2003, 17(2):193-208.

[23] GRIER K B, SMALLWOOD A D. Uncertainty and export Performance: evidence from 18 countries[J]. Journal of money, credit and Banking, 2007, 39(4):965-979.

[24] COTTANI J A, CAVALLO D F, KHAN M S. Real exchange rate behavior and economic performance in LDCs[J]. Economic development and cultural change, 1990, 39(1):61-76.

[25] VIEIRA F V, HOLLAND M, SILVA C G D, et al. Growth and exchange rate volatility: A panel data analysis[J]. Applied economics, 2013, 45(26):3733-3741.

[26] RAZIN O, COLLINS S M. Real exchange rate misalignments and growth[R]. NBER Working Paper, 1997.

[27] AGUIRRE A, CALDERO'N C. Real exchange rate misalignments and economic performance[J]. Documentos de Trabajo (Banco central de chile), 2005(315):1-49.

[28] KRUGMAN P. The narrow moving band, the dutch disease, and the competitive consequences of Mrs. Thatcher: Notes on trade in the presence of dynamic scale economies[J]. Journal of development economics, 1987, 27(1-2):41-55.

[29] 刘啟仁,黄建忠. 人民币汇率变动与出口企业研发[J]. 金融研究, 2017(8):19-34.

[30] KORINEK A. The new economics of prudential capital controls: A research agenda

[J]. IMF Economic Review, 2011, 59 (3): 523-561.

[31] 陈中飞, 王曦, 王伟. 利率市场化、汇率自由化和资本账户开放的顺序 [J]. 世界经济, 2017 (6): 23-47.

[32] 余永定, 张明. 资本管制和资本项目自由化的国际新动向 [J]. 国际经济评论, 2012 (5): 65-66, 68-74.

[33] 盛松成, 刘西. 金融改革协调推进论: 论中国利率汇率改革与资本账户开放 [M]. 北京: 中信出版社, 2015.

[34] 伍戈, 温军伟. 破解资本账户开放迷思: 与张明博士商榷 [J]. 金融发展评论, 2013 (9): 85-93.

[35] 徐建炜, 黄懿杰. 汇率自由化与资本账户开放: 孰先孰后: 对外金融开放次序的探讨 [J]. 东南大学学报 (哲学社会科学版), 2014 (6): 40-47.

[36] DAMILL M, FRENKEL R, RAPETTI M. Macroeconomic policy in argentina during 2002-2013 [J]. Comparative economic studies, 2015, 57 (3): 369-400.

[37] 鞠建东, 林毅夫, 刘庆. 中国经济高增长与人民币实际汇率基本稳定相一致 [N]. 中国社会科学报, 2012-05-14 (A04).

[38] 张明. 人民币汇率形成机制改革: 历史成就、当前形势与未来方向 [J]. 国际经济评论, 2016 (3): 54-68.

[39] 雷文妮, 金莹. 资本账户开放与经济增长: 基于跨国面板数据的研究 [J]. 国际金融研究, 2017 (1): 59-67.

[40] 丁志杰, 谢峰. 汇率对中等收入国家经济跨越的影响研究 [J]. 金融研究, 2017 (2): 42-53.

客观认识我国能源安全形势，努力提升安全保障水平

姜学峰①

能源是国民经济和社会发展的重要基础，是国家安全的重要组成成分。当前世界能源正经历着向清洁低碳转型的变革期，能源技术进步日新月异，能源供需格局深度调整，我国能源发展的内外部环境正发生深刻变革。当前，我国仍处在城镇化、工业化关键阶段，保持经济长期平稳较快发展，能源安全保障问题仍较为突出。准确把握能源发展趋势，客观认识全球能源转型背景下我国能源安全形势，针对性提出我国能源安全特别是油气安全的应对措施，有益于不断夯实我国能源保障基础，助力实现两个百年奋斗的伟大目标。

一、当前我国油气安全形势不容乐观

我国能源安全的核心是石油和天然气安全供应。2018年，我国原油净进口量达4.6亿吨，占世界总进口量的比重约为20%，居世界第一，对外依存度接近70%。天然气进口量1254亿立方米，同比增长31.7%，对外依存度超过45%。未来我国石油需求将保持增长，预期到2030年达7亿吨的峰值水

---

① 姜学峰，中国石油集团经济技术研究院副院长，教授级高级经济师。

平,原油净进口将超过 5 亿吨。尽管原油进口来源日益多元化,但在中长期内对中东资源、海上通道的依赖仍十分突出。我国作为世界最大的油气消费国与进口大国,在国际油气市场缺乏相应的影响力与话语权,成为大国博弈中的战略短板。

一是石油对外依存度持续上升。随着我国经济持续增长,人民生活水平不断提高,石油消费持续增长。21 世纪以来,我国石油消费年均增量达到 2000 万吨,近年来石油消费强度、弹性、增速都有所下降。2018 年,我国原油表观消费量 6.49 亿吨,为世界第一大石油消费国。受限于国内资源禀赋,原油产量难以满足需求增长。我国于 1993 年成为石油净进口国,2003 年进口量突破 1 亿吨,2018 年石油对外依存度已接近 70%。未来交通和化工行业发展将继续拉动石油需求,我国石油对外依存度仍将进一步增强。

二是我国石油供应面临的油价波动、资源地地缘政治以及通道风险日益加剧。21 世纪以来,我国原油进口来源日趋多元,但仍呈较高的区域集中性。中东是我国原油进口最大的来源地,2018 年进口约 1.8 亿吨,占比 39.8%;美洲进口量为 6602 万吨,占比 14.5%。海上进口通道和陆上进口通道大部分受国际地缘政治影响较大。伊朗、委内瑞拉面临美国制裁,委内瑞拉石油产量持续下滑等对我国原油进口产生一定影响。极端情况下,若海上进口通道完全被封锁,仅中俄中亚等陆上管道畅通,我国可进口原油 5000 万吨/年,若所有海上陆上通道完全被封锁,国内只有自产原油 2 亿吨/年可用。

三是天然气供应安全问题日益突出。我国天然气正处于快速增长期。2000 年以来,受经济高速增长、管道等基础设施建设大力推进、环保政策力度加大等因素拉动,我国天然气消费量呈年均 2 位数增长。2018 年,我国天然气消费量超过 2800 亿立方米,一次能源占比 7.8%。国内天然气快速上产,2018 年国内常规气产量达到 1580 亿立方米;非常规天然气取得积极进展,产量超过 110 亿立方米,但仍无法满足快速增长的需求。2006 年,我国开始进口 LNG;2010 年,我国开始进口管道气。2006—2018 年,天然气进口量从 9

亿立方米增至 1255 亿立方米，2018 年我国天然气对外依存度达到 45%。中长期内，在城市人口继续增长、天然气管网设施日趋完善、分布式能源系统快速发展，以及环境污染治理等利好背景下，我国天然气需求将继续保持较快增长，2020 年天然气占一次能源的比重达到 8.3%~10%，到 2030 年将达到 15%。保守估计 2030 年天然气消费量将超过 6000 亿立方米，对外依存度突破 50%。

相较于石油，天然气安全供应更为突出。天然气的可替代性较差，运输、存储等基础设施要求更高，一般需要签订长期合同以锁定资源开发风险。因此，管道气和 LNG 进口面临的资源国、过境国安全风险更高。目前，我国天然气储备能力仅占全国天然气消费量的 3.4%，远低于发达国家 10%~15% 的水平。遇到无规划消费量增长、冬季等需求旺季，极易导致"气荒"。

四是炼油行业结构性能力过剩，加剧石油安全的复杂性。近年来，我国石油行业市场化改革推动了多主体进入和下游产业转型升级进程。随着多个千万吨级炼化一体化大项目陆续建成，我国炼油能力将继续提升。在国内成品油消费增速放缓形势下，2020 年国内炼油过剩产能达 1.5 亿吨以上，导致开工率低、产品结构与市场需求不匹配、落后产能体量大等一系列问题。为保持合理炼厂开工率和整个产业效率和效益，成品油常态化"被动出口"已成必然，造成了一面大量进口原油，一面大量出口成品油的状况。在全球成品油市场日趋过剩的趋势下，这将加剧我国石油安全供应及炼化产业波动风险，我国需制定长期的市场出清政策加以化解。

五是当前全球能源格局和石油市场治理正在经历一场深刻变革，我国油气安全供应的战略风险更加凸显。当前全球能源正处于大调整、大变革时期，能源技术革命快速演进，全球能源供求格局出现重大变化，全球出现油气消费重心东移、生产重心西移的新趋势。美国通过技术创新，实现页岩油气产量爆发式增长。2009 年，美国天然气产量超过俄罗斯成为全球天然气第一大生产国。2018 年，美国原油产量超过俄罗斯成为世界第一大产油国，石油对外依存度从 2005 年最高时超过 60%降至 14%。国际能源署预计，2023 年美国原油出口能力有望达到 490 万桶/日，仅次于目前沙特阿拉伯和俄罗斯的出口水平。美国天然气 LNG 大量出口将显著改变全球天然气供需格局。全球石油市场出现美国、沙特阿拉伯、俄罗斯三强鼎立的格局（年产均超过 5 亿吨），美国与以沙特阿拉伯和俄罗斯为主的减产联盟的博弈将使全球石油市场变数更为复杂。我国作为世界最大石油进口国和天然气进口国，大国博弈中的能源短板更加突出。美国尽管将实现能源独立，但出于维护石油美元的霸主地位的目的，其不会放弃对石油市场的控制，凭借强大的军事和政治实力，通过制造紧张地缘政治局势、实施经济制裁、控制国际支付体系、直接干预中东产油国等手段操纵全球石油市场的能力愈加突出。美国得克萨斯州原油价格（WTI）和亨利港天然气价格（HH）作为国际油气贸易基准价格的影响力将进一步增大，调动金融资本干预影响市场的能力更加突出。在中美经贸竞争日益加剧的形势下，能源安全将是中美博弈的一个重要领域。

二、坚持以能源革命为主线，加快构建安全、绿色、高效的能源系统

（一）立足国内资源，增强基础保障能力建设

一是全力增储上产，不断加强国内基础保障作用。加大勘探开发力度，到 2030 年具备年探明 10 亿吨以上储量和 2 亿吨稳产资源基础；聚焦新领域与资源新类型突破、老油田提高采收率与工程技术换代发展，开展油气勘探重点领域、关键技术与装备的科技攻关。据中国工程院研究，我国陆相页岩发育中高、中低两种类型页岩油，陆相页岩油存在一场革命的新机遇，应重点组织攻关研究。二是继续加强油气储备建设。在提升国家战略储备、企业商业储备基础上，研究出台企业义务储备政策；参照国家石油战略储备模式，

建设一定规模的国家天然气战略储备。三是稳步推进现代煤化工产业。将煤制油气定位为国家战略技术储备，将煤制烯烃定位于化工原料多元化重要技术，形成我国独有的煤化工路线，对保障能源安全有重要意义。四是制定极端情况需求压减和供应保障方案。做好国际市场供应中断及国际油价飙升情况下的国内供应及需求分级压减方案。按照底线思维要求，制定国际市场波动、地缘政治动荡、战争等极端情境下国内石油消费需求压减机制。

（二）加强国际投资和贸易合作，实现开放条件下的油气供应安全

对外依存度和能源供应安全有关联，但非有必然联系。国内外目前尚没有一个普遍认同的、能够标识供应安全的对外依存度警戒线或红线标准。石油安全需要综合考量石油对外依存度、主要供应源安全形势、主要进口通道形势、国内储备水平，以及在紧急情况下国内石油消费配套调整和应急保障能力机制是否完善等。安全不在于对外依存度有多大，而在于油气资源运筹能力有多强，维护多元进口的能力有多强。

一是优化资源进口布局，利用好战略买家地位，增强资源运筹能力。在中期，加大与美国进口减量资源国的合作，长期重点布局中东、中亚-俄罗斯和非洲等未来油气出口规模最大的地区。美国、沙特阿拉伯和俄罗斯"三巨头"在世界油气市场的博弈加剧，我国可充分发挥战略买家优势，加强与资源国供需合作，构建能源资源伙伴关系，稳定油气资源市场，促进供需双方经济稳定发展。加强国际油气贸易和市场运作，构建多元化、稳定而有弹性的供应体系。特别是，发挥好油气进口在中美贸易谈判中的作用，但应基于市场原则和适度原则。

二是积极推动能源领域双边合作和多边合作，做好海外投资风险防范。我国应利用"一带一路"、上合组织、金砖组织，主动争取周边国家在能源问题上的理解和信任，进一步完善油气战略通道，稳定运营中亚、中俄油气管道，加快推进中俄东线、中亚D线天然气管道建设，构筑区域管道互联互通

体系，增强陆上通道多元化与可靠性；作为油气进口大国，中、日、韩三国在稳定油气供应上存在共同的重大利益，可通过推动建立东北亚自贸区，实现油气基础设施共享与共建；加强对企业"走出去"的引导和监管，做好风险评估、防范和预警。

三是努力提升我国国际油气市场影响力、定价权。加快将上海原油期货打造成为国际基准原油步伐。2018年3月，以人民币计价的石油期货在上海能源交易中心挂牌交易，这是提升中国在国际石油市场影响力的第一步。我国必须采取一系列措施，增强市场参与者信心，吸引更多境内外投资者，进一步提高交易量、流动性和价格接受度。要加快推出汽油、柴油、天然气等更多人民币计价的期货交易品种，鼓励国内企业以上海价格作为国际油气贸易基准价。

（三）坚持以能源革命为主线，加快构建安全、绿色、高效的能源系统

一是放宽市场准入条件，加强产品和服务质量的监管，促进公平竞争。

二是改革能源价格形成机制，推进形成成品油市场决定配置的价格形成机制，推进天然气定价机制改革，政府对输配气成本加强监管，井口价格和销售价格逐步由市场定价。

三是进一步转变政府职能，提高依法行政的水平。要加强能源发展战略、规划、政策和标准的制定与实施；健全能源监管体系，维护公平竞争的市场秩序；以法治的精神和思维来推进能源改革，加快制定石油天然气法，建立储备责任体系和应急需求压减机制。

四是加快推进炼油行业转型升级。我国要继续下大力气淘汰落后产能，推进炼厂基地化、园区化、区域化建设，将部分燃料型炼厂转向材料型炼厂。按合理开工率、汽煤柴油收率、成品油区间出口以及需求量测算，2025年我国炼油能力应设定在8.5亿吨/年。

海南未来产业发展的若干认识与预测

裴长洪①　刘洪愧②

一、海南产业发展的基本认识：内生逻辑和制度因素

（一）内生逻辑

第一，从世界眼光来看，海南是一个中型经济体，有自我发展能力。海南是一个拥有3.535万平方千米土地面积的大型岛屿。截至2018年末，海南全省常住人口为934.32万人，地区生产总值为4832.05亿元。如果进行国内、国际比较，海南与我国台湾地区的土地面积大致相当（台湾的土地面积为3.6万平方千米），与欧洲大陆很多国家的土地面积相差不大，如比利时、丹麦等国家。所以，海南是一个有近千万人口（未来可以有2000万甚至更多人口）的世界级中等经济体，发展潜力很大。较大的土地面积，较高的人口存量，伴随着较大的岛内需求和供给能力。这意味着虽然我们可以称海南为一个自贸试验区或者自贸港，但是海南事实上是一个相对独立、有较大内需和自我发展能力的中型经济体，具有自我发展的内在要求和能力。海南现有900多万人口，岛内市场需求拉动经济增长的作用并不小，海南产生了加工工业，

---

① 裴长洪，中国社会科学院大学特聘教授、校学术委员会委员。
② 刘洪愧，中国社会科学院经济研究所副研究员。

如农副产品加工业、食品饮料加工业、医药产业及电线、电缆等机电产业。但由于岛内市场有限，企业扩张受到制约，于是出现了海马汽车部分产能搬迁至河南、海航集团在岛外扩张经营的状况。未来，海南人口可能进一步增多，2030年有望达到1500万人，2050年达到2000万人，届时岛内需求会进一步增强。

第二，从国际经验来看，对于一个中型经济体来说，产业体系的谱系范围比较宽。岛屿经济分成以下几类。一是小型岛屿经济，这一类比较多，岛屿土地面积和人口都较少，经济发展方式比较灵活，产业结构单一。有些岛屿发展成纯粹的旅游购物岛，如巴厘岛、普吉岛、济州岛、夏威夷岛等，还有一些岛屿发展成离岸金融岛，如英属维尔京群岛、开曼群岛。二是城市型岛屿，该类岛屿虽然土地面积不大，但是人口多，经济体量较大，产业结构比较多元化，如新加坡和中国香港。三是有广阔腹地的中型岛屿，该类岛屿土地面积大，人口基数大，有较为多元的产业体系，如我国台湾岛、爱尔兰岛。海南岛面积较大、人口众多，属于第三种类型的岛屿。所以，海南的经济不是类似于夏威夷岛、巴厘岛、普吉岛这样的岛屿的经济，也不是新加坡、中国香港这样的城市经济体，这些地方的产业发展对海南的参照意义不大。如果一定要找参照系，中国台湾、爱尔兰和比利时是比较有参照意义的经济体。它们的产业结构是相当多元化、多谱系的，而不是只依靠少数几个产业。所以，海南的产业发展要找准自己的定位和参照系，设定目标，坚持自己的发展道路。

第三，海南产业发展的内生经济机制。一是自然资源的开发与利用。海南是一个热带岛屿，其比较优势是有丰富的热带农业生产资源、热带海洋自然资源、热带气候自然资源。利用这些比较优势和禀赋，海南很早就产生了特色农渔业。例如，海南罗非鱼产量世界第一，橡胶、槟榔、芒果、椰子、甘蔗等热带农产品产量丰富。利用热带气候，海南很早就有国内著名的南繁育种基地，杂交水稻等著名农业种子就在此繁育。依托于独特的热带海洋性气候和环境，海南的旅游业较为发达，每年的岛外游客非常多。2018 年，海南共接待国内外游客 7627.4 万人次。独特的气候及旅游业的发展，催生了海南房地产业、健康养老养生产业的发展。围绕这些产业，海南的航空运输、酒店、餐饮等服务业也发展较好，但主要服务于岛外市场。二是岛内市场需求拉动产生了满足当地市场的加工工业及延伸的产业链，即部分供给岛外需求的物流、营销及运输服务业。近几年来，在岛外新需求拉动下，海南产生了健康旅游休闲业，以及依托商业地产的互联网产业和研发产业。

（二）制度因素

第一，自贸试验区和自贸港的设立给海南产业发展注入了新的动力，提供了更好的契机，这是海南产业发展的制度因素，它将促使海南产生新产业，这主要是利用岛外资源和岛外市场。海南在不发展低端加工贸易的前提下，在游离国际主航道的制约下，转口贸易业也难以发展，而且房地产业受到约束，不作为自贸试验区建设的主要产业。所以，在这种新的制度因素下，海南主要发展哪些产业是需要认真思考的问题。一是利用制度因素发展一些轻资产的现代化服务行业，如离岸贸易、第三方物流、研发设计、服务中介、离岸金融、互联网产业；二是发展一些重资产行业，如飞机和船舶的维修、智能制造、新能源汽车、石化工业、学校、医院以及医疗养老养生产业。发展新兴的重资产行业，仅有制度因素不够，还需要各类要素成本方面的比较优势，如土地（特别是建设用地）和人力资本。制度因素催生产业发展有一个较长的培育过程，而且受要素成本和要素质量的制约。

第二，要正确认识新产品、新业态和新兴产业的发展规律。例如，从供给侧来看，新兴产业有一个投资兴建、研发产品和开拓营销的过程；从需求侧来看，新兴产业有一个从小众高端市场向大众普及市场发展的渐进过程。所以，若干新兴产业在相当长一个时期内（5~10 年）都处于培育发展阶段，不可能在短期内（1~2 年）成为经济占比很高的支柱产业。

第三，要明确现代服务业是许多行业的集合。现代服务业包括对传统服务业的改造和提升，现代与传统的区别主要在于使用什么样的生产工具、技术和方法，不在于是什么行业。因此，改造传统服务业是比建设新兴服务业更重要的事情。现代服务业的发展需要内生逻辑和制度因素的结合，但要加快发展，就得重视利用制度因素。对于海南来说，提高商品流通和物流的效率、降低成本的改造和提升很有意义。当然，如果能够充分利用制度因素，服务业改造和提升的作用会更加明显。

第四，构建海南的现代产业体系不能排除先进制造业。由于海南出岛货物很少，大量生产和生活产品需要从大陆输入岛内，交通单程运输很普遍，交通工具空驶率超过70%，物流成本很高。海南从大陆购入货物成本太高，会提高海南的物价，也会造成航空运输的拥堵，经济上不合理。所以，从经济合理性来看，海南有较大的岛内需求，需要发展对物流成本敏感的加工制造业。从提供就业的角度来看，发展一些加工制造业也很必要，制造业可以解决一部分就业，吸引人才来到海南，提高海南的人口密度和人口总量。所以，在生态环境保护的严格标准下，海南应当努力发展与服务业相配套的加工制造业，如药品、医疗器械、教学仪器等，还应发展与民生普遍相关的食品饮料、木材加工、建筑小五金材料、家具、洁具及生活用加工制成品等产业，以及发展具有较高技术含量的飞机、船舶零配件制造业等。

二、海南产业发展需要思考的几个问题

（一）自贸港产业建设应与海南经济社会发展规划目标相衔接

自贸港产业建设应衔接"十三五"规划目标，嵌入"十四五"规划目标中。海南应借助自贸试验区建设和自贸港建设的政策效应，努力完成"十三五"规划目标并根据后续政策发力，编制"十四五"规划目标。海南要基于

"十三五"规划完成情况,将自贸港产业建设融于海南"十四五"规划中,制定切实可行的"十四五"规划。为此,以下几个要点值得关注。

第一,提高人口规模。产业发展离不开市场,海南本省市场是许多产业发展的基础,而市场规模离不开人口规模,因此,产业发展要与海南人口发展规划相衔接。从合理性角度来看,到2035年海南的人口规模应当在2000万~2300万人。经济发展需要各种"流",包括人流、物流、资金流、信息流等,但是其中最根本的是人流,只要有足够的人流,其他各种"流"会伴随而来。市场会扩大,劳动力供给能力也会提升。所以,海南要千方百计增加人口规模,包括户籍人口、常住人口、流动人口等。增加人口要在政策层面发力,降低人口落户海南的门槛,取消非户籍人口在医疗、入学、养老等各方面的限制,按照"房住不炒"的原则,向外地来海南工作的人提供购房便利并降低购房成本,采取大幅度提高转售成本的办法限制炒房,即实行宽买严卖的市场政策,从而增强海南对国内、国外人才的吸引力。

第二,建设4~5座百万级人口的大城市(或城市群),从而提高人口集聚度,提高城镇化率,更好地发挥经济的规模效应和集聚效应。海南经济的特点是农业人口比重和农业经济比重较高,城市化率低于全国平均水平,经济小而散。这导致可交换、可统计的GDP占社会总生产的比重也低于全国平均水平。因此海南仍然要促进城市和城镇发展,这样才能形成更大的市场。城镇化要以建设大城市为抓手,要更好地发挥大城市的集聚效应,要通过大城市拉动小城市和小城镇的发展,进而拉动农村地区的发展。但目前海南百万级人口的大城市太少,缺乏市场积聚效应。海南只有海口这1座百万级人口城市。2018年,海口常住人口230.23万人。大城市的缺乏限制了海南经济发展的速度和规模。建议到2035年海南至少发展4~5座百万级人口的大城市(或城市群),其中海口人口应达到500万人以上。具体而言,一是以海口为中心,建立海口、澄迈、临高城市群;二是以三亚为中心,建立大三亚,包括三亚、陵水、乐东;三是建设儋州、洋浦城市群;四是以琼海博鳌为中心,建立大城市；五是选择文昌或者万宁，建立百万级人口城市群。

第三，在加快建设大城市和提高城镇化率的同时，要创新乡村振兴的理念、思路和方式。乡村振兴战略并不是村村振兴，一些自然村落青壮年劳动力稀少、土地大量抛荒，已经衰败或趋于消亡，人为布景只能浪费财力和物力，应通过人口向城镇转移、易地搬迁等方式加速其消亡，尽可能缩小行政村与自然村的比例，使土地和劳动力要素得到优化配置。在此基础上集中力量振兴应该振兴的村落，建设现代化乡村、现代化农业，提高农业生产的规模化程度。

（二）新兴企业的生存发展要有新经营理念和新商业模式

海南要建设自贸港，除了振兴传统产业和企业外，必然需要发展新兴产业和新兴企业，新兴产业的发展是自贸港建设的关键。在新的经济形势和发展阶段下，新兴企业的生存发展要有新经营理念和新商业模式。海南需要发展的新兴产业包括现代服务业，如互联网相关产业、医疗产业、离岸金融、飞机维修、第三方服务外包等，这些新兴产业与传统制造业有截然不同的商业模式，海南需要在实践中探索适合的发展模式。

创新驱动是新发展理念的第一要义。当前重要的是如何通过新经营理念和新商业模式使新兴产业得到发展。例如，博鳌乐城医疗康养基地已经建成一批示范性企业，但只有一龄生命养护中心获得了较好发展，2018年客流量达到7000~9000人次，营业收入达3亿元。一龄生命养护中心使用较为灵活的会员制，包括临时会员和永久会员，将旅游、医疗、体检和养生相结合。又如，五指山仁商旅游健康养老基地，采取旅游和休闲相结合，长期租赁和短期租赁相结合的方式，以及存款养老等新商业模式，使房地产开发成功转型为旅游养老养生商业地产。再如，三亚崖州湾科学城，将南繁育种、科学研究、产业孵化和发展融为一体，通过创新农业用地使用制度，进一步促进南繁育种基地的发展，通过引进国内外著名大学和中科院等研究机构发展高科技产业并吸引人才,通过引进一批高科技公司进行产业孵化和发展,具有很大的发展潜力。

(三) 探索自贸港产业建设应以供给侧结构性改革为动力

海南要通过供给侧结构性改革解决目前亟须解决的土地供给、公共服务供给问题。目前,在产业建设开发过程中,各地各部门反映最强烈的问题是缺乏建设用地,特别是在海口和三亚等大城市。这主要是因为海南以前的房地产行业占用了大量建设用地。海口的建设用地则主要集中在各类园区。此外,农垦系统也占有大量土地。事实上,海南的建设用地基本都在28个开发区和农垦系统。对土地的合理开发利用决定着海南未来产业发展的方向。目前,海南农垦南繁产业集团的经验是通过农场和村集体土地租赁流转解决种业的大量种植试验田的供给问题,而且通过知识产权体制机制改革解决了知识产权保护和产业发展问题。这是典型的以供给侧结构性改革为抓手解决实际问题的案例。

(四) 正确认识"加快探索"与"稳中求进"的关系

海南自贸港建设既要加快探索,也要稳中求进。其中,加快探索,是指在政策供给、制度供给、管理体制改革、工作作风等方面加快探索,配套政策需要马上出台,体制机制转变要有效率观念。有些政策需要与中央部委协调并取得支持。有许多管理问题是海南自身的问题,如引进人才的买房买车问题、子女就近入学问题、补贴及时到位问题等,这些问题虽然小,但对人才的安居乐业是实际问题。还有的则是工作作风问题、办事效率问题,如医疗领域的"国九条"落地问题,"国九条"有政策,但是海南自己的实施细则不仅不能及时出台,而且老办法被废除了,结果新路、老路都没有了,企业只能望洋兴叹。事实上,海南的政策可以更加放松,政策的口子可以更大,灵活度需要提升。进口的医疗器械、进口药品、仿制药等可以先在海南全岛率先试用。此外,还有海南的行政区划调整与土地利用问题等。这些都属于应当加快探索的内容。

稳中求进则,是指在产业培育和发展、生产总值增长、科技转化为生产力、财政收入和居民收入增长等实际经济数据方面,不要急于求成,要先做好规划,稳扎稳打。一是当前国内经济总体增速已经放缓,已经由高速增长转向中高速增长,转向高质量发展。二是在对外开放领域,过去的"四两拨千斤"的政策效应已经不再有,把希望寄托在中央给予海南某些"四两拨千斤"的特殊政策上,从而使海南要素云集,"万商来朝",经济增长迅猛提速,发展面貌焕然一新的愿望是不切实际的。海南自贸区和自贸港的建设必定是持久战,需要不断"积小胜为大胜",不可能毕其功于一役。三是海南的经济规模、地理位置、社会文化、人口规模等客观条件决定其增长速度不可能太快。四是不管是传统产业的改造升级,还是新兴产业的发展,都有一个培育和发展的过程,不可能一蹴而就。任何产业的发展都脱离不了传统产业的积累,而海南的传统产业不够强大。新兴产业如"互联网+"、数字经济等本质上都需要服务于实体经济,如金融业得依托传统产业,需要有人流、物流、资金流。我们可以迅速建立几个金融交易中心,但是如果没有实体经济的支持,就缺乏可供交易的金融产品,也没有企业来进行交易,金融交易中心就缺乏实际的意义。所以,产业发展一定先要稳,如果急于求成,那么很可能造成资源的无效使用。

三、海南产业发展的现实依据:"十三五"规划实现情况

(一)海南"十三五"经济社会规划目标

第一,海南"十三五"经济社会规划目标及2018年的完成情况见表1。其中,2018年海南全省地区生产总值为4832.05亿元,按可比价格计算,比

上年增长5.8%。此外,海南服务业增加值占地区生产总值比重已经高达56.6%,距离"十三五"规划目标的58.3%已经相差不大,未来两年新兴服务业的发展,完成规划目标较为容易。

表1 海南"十三五"经济社会发展目标及2018年完成情况

指标名称	单位	2018年完成情况	"十三五"预期	
			2020年预期	年均增长（或累计）
全省地区生产总值	亿元	4832.05	5190	7.0
固定资产投资	亿元	4125.4（2017年值）	5400	10.0
社会消费品零售总额	亿元	1717.08	1940	8.0
常住人口城镇化率	%	59.06	60	
海洋产业增加值占地区生产总值比重	%	33.10	35	
服务业增加值占地区生产总值比重	%	56.6	58.3	
其中：旅游业增加值占地区生产总值比重	%	8.13	8.0	
接待游客总人数	万人次	7627.39	8000	8.5
其中：入境游客	万人次	126.36	120	14.5
旅游收入	亿元	950.16	1055	13.0

资料来源：根据海南省2018年统计公报、2017年统计年鉴以及"十三五"规划预期指标整理得到。

第二，受房地产投资增速下降的影响，2018年海南全年固定资产投资（不含农户）比上年下降12.5%。其中，房地产开发投资下降16.5%，第一产业下降22.0%，第二产业投资增长15.8%，第三产业投资下降14.4%。按地区分，海澄文一体化综合经济圈投资下降11.6%，大三亚旅游经济圈下降15.5%，东部地区下降10.8%，中部地区下降6.4%，西部地区下降19.8%。可见，固定资产投资面临较大压力，并且可能拖累地区生产总值的增长，这是需要注意的问题。

第三，2018年，海南全年社会消费品零售总额为1717.08亿元，比上年增长6.8%。如果按照6.5%~7.0%的增速继续增长，可以超额完成"十三五"规划目标,说明海南的社会消费需求仍比较强劲。

第四,2018 年,海南常住城镇人口占总人口比重(城镇化率)为 59.06%,比上年末提高了 1.02 个百分点,增幅较大。今后两年每年提高 0.5 个百分点,就可以完成"十三五"规划目标。但是相对全国特别是发达地区来说,海南的城镇化率仍不高,需要进一步提升。

第五,考察海洋产业和旅游业这两个主要产业。其一,海洋产业。2018 年,海洋产业增加值为 1599 亿元,占地区生产总值的比重达到 33.1%,距离"十三五"规划目标的 35% 还有一定差距,需要进一步提高海洋产业的科技含量。其二,旅游业。旅游业增加值占地区生产总值比重已经达到 8.13%,已经超额完成"十三五"规划目标,但未来旅游业仍有较大发展潜力。2018 年,海南全省接待国内外游客 7627.39 万人次,同比增长 11.8%。其中,入境游客 126.36 万人次,同比增长 12.9%。实现旅游总收入 950.16 亿元,同比增长 14.5%。海南旅游产业综合增加值对海南地区生产总值的综合贡献率达到 28.3%。所以,从接待人次来看,海南距离"十三五"规划年度 8000 万人次的目标已经不远。但重要的是要提高旅游业的质量,提高每个游客的消费值。现在来看,海南每年的旅游总人数高于新加坡、迪拜,但旅游总收入仅为后两者的 50% 左右,呈"量大价低"的低效状态,海南需要下力气改变这一状况。

本文接下来具体分产业考察 2014—2018 年海南的发展情况。由于海南仅对 12 个产业进行了较好的连续数据统计,所以本文按照这 12 个产业的分类进行分析(见表 2)。

表 2　2014—2018 年海南 12 个重点产业发展情况

项目	2014 年		2015 年		2016 年		2017 年		2018 年	
	产值/亿元	占地区生产总值比重/%	产值/亿元	占地区生产总值比重/%	产值/亿元	占地区生产总值比重/%	产值/亿元	占地区生产总值比重/%	产值/亿元	占地区生产总值比重/%
地区生产总值	3501	100.00	3703	100.00	4053	100.00	4463	100.00	4832	100.00
12 个产业合计	3286	93.84	3423	92.42	3884	95.79	4317	96.74	4743	98.16
旅游产业	258	7.37	281	7.59	310	7.64	348	7.79	393	8.13

续表

项目	2014年 产值/亿元	2014年 占地区生产总值比重/%	2015年 产值/亿元	2015年 占地区生产总值比重/%	2016年 产值/亿元	2016年 占地区生产总值比重/%	2017年 产值/亿元	2017年 占地区生产总值比重/%	2018年 产值/亿元	2018年 占地区生产总值比重/%
热带特色农业	598	17.08	629	17.00	704	17.36	725	16.25	758	15.69
互联网产业	80	2.29	103	2.79	143	3.52	180	4.02	231	4.78
医疗健康产业	90	2.57	100	2.70	102	2.51	121	2.71	137	2.84
现代金融服务业	211	6.02	243	6.56	282	6.95	309	6.92	309	6.40
会展业	59	1.67	60	1.62	68	1.68	80	1.80	91	1.87
现代物流业	161	4.61	163	4.40	141	3.48	151	3.39	172	3.56
海洋产业（含油气）	1154	32.97	1145	30.91	1278	31.52	1401	31.39	1599	33.10
海洋产业	943	26.94	1005	27.14	1140	28.13	1250	28.01	1380	28.56
油气产业	211	6.03	140	3.77	138	3.39	151	3.38	219	4.54
医药产业	33	0.93	36	0.96	52	1.29	64	1.43	77	1.59
低碳制造业	119	3.40	104	2.81	142	3.51	156	3.50	179	3.71
房地产业	296	8.44	300	8.09	350	8.63	435	9.75	390	8.06
教育、文化体育产业	227	6.49	259	6.99	312	7.70	347	7.79	407	8.43

注：本表总量按当年价格计算，12个产业合计，产值有重复计算。

一是旅游业产值从2014年的258亿元增长到2018年的393亿元，增长了52.33%，占地区生产总值的比重从2014年的7.37%上升到2018年的8.13%，上升幅度较小，但是旅游业产值可能不好测算，被低估的可能性较大。

二是热带特色农业产值从2014年的598亿元增长到2018年的758亿元，增长了26.76%，占地区生产总值的比重从2014年的17.08%下降到2018年的15.69%。

三是互联网产业产值初期较小，2014年产值仅80亿元，占地区生产总值的比重仅为2.29%，但其发展较快，2018年已经达到231亿元，增幅达188.75%，占比上升到4.78%，如果未来保持这一发展速度，其有可能成为较为重要的支柱产业。

四是医疗健康产业初期与互联网产业的规模相当，但是增速较慢，2018

年的产值仅为 137 亿元，占地区生产总值的比重为 2.84%，总体来看发展仍较为滞后。

五是现代金融服务业产值从 2014 年的 211 亿元增加到 2018 年的 309 亿元，但是受房地产业产值下降的影响，2018 年的增速基本为零，反映出海南金融业主要服务于房地产业，发展较全国来说也较为滞后，海南的金融机构也普遍较小，缺乏提供高端金融服务的能力。

六是海洋产业（含油气）是海南的第一大产业，2014 年产值为 1154 亿元，2018 年增长到 1599 亿元，占比由 32.97% 增长到 33.10%，基本没有增长，期间甚至有所降低。

七是房地产业产值由 2014 年的 296 亿元增加到 2018 年的 390 亿元，但占地区生产总值的比重由 2014 年的 8.44% 降低到 2018 年的 8.06%，受政策影响，未来房地产业的发展可能不会太快，其在经济发展中的重要性将不断下降。

八是会展业、医药产业、现代物流业、低碳制造业总体规模较小，增速也乏善可陈，但是发展空间较大。

（二）海南实现"十三五"规划目标的产业结构分析

总体来看，海南仍以海洋产业、热带特色农业、旅游业、房地产业为主导，且这些产业主要依赖于海南的自然资源、气候环境。海南还没有依托自身的比较优势发展出现代化的制造业和服务业。互联网产业、医疗健康产业、金融业等现代服务业仍处于培育阶段或者发展的初级阶段，还不足以支撑海南的经济发展和就业，但是某些产业的发展潜力较大。未来，海南除了继续巩固提升海洋产业、热带特色农业、旅游业这三个传统产业外，还需要加大力度发展有潜力的新兴产业。

一是互联网产业。海南澄迈软件园，规模比较大，已有一定的发展基础，未来需要做好详细的规划。虽然海南做汽车硬件缺乏商机基础，但汽车软件刚刚起步，海南落后不是太远，发展潜力较大。海南要在5G技术和数字经济应用方面抓住机遇，可通过一些特殊许可权和特殊政策的制定，鼓励高新技术的发展。

二是医疗健康养老产业。海南在该产业上有比较优势，随着中国老龄化加剧，在海南常住的外地老年人会越来越多。每年冬季来海南休闲、养生、养老的外地老年人已达110万人。2020年，海南60周岁以上的户籍老年人口达到160万人，占户籍总人口的16.4%。如果加上岛外来海南的老年人口，那么总的60岁以上的老年人口达到300万人以上。而且，老年人口会随着时间的推移呈现加速上升的态势。医疗健康养老产业发展潜力巨大，2016年10月，国务院发布《"健康中国2030"规划纲要》，明确健康中国的战略目标是，到2030年，健康产业规模显著扩大，健康服务业总规模达到16万亿元。所以，海南要抓住机遇，在政策上更加放开，可以在博鳌乐城甚至全岛推行医疗领域的"国九条"新政策，从而加速这一产业的发展。

三是高科技产业的发展，主要以海口高新区和三亚崖州湾科技城为依托。例如，南繁育种基地具有独特的优势，中国农业育种发展还比较滞后，发展潜力较大。如果能够依托农业用地供给侧结构性改革和育种商业模式的改革，使南繁基地为中国提供大部分种子，那么产值将非常大。又如，崖州科技城的深海科技产业、全球动植物种质资源中心等都有非常大的发展潜力。

四、海南"十四五"末期产业发展预测及重点产业

（一）情景一：按照惯性轨迹发展的增长预测

按照惯性轨迹，即假设海南没有建设自贸试验区或自贸港，按照经济发展原有的内生逻辑，海南经济规模和各大产业将怎么发展？对于这一问题，我们可以首先大概预测海南经济的总体发展情况，其次根据表2中2014年以

来的规律进行简单的产业发展预测。

总体来看，如果没有自贸试验区或自贸港建设，那么海南的经济发展速度不会太快，"十四五"时期实际经济增速（实际GDP）最多保持在5%~6%。再考虑到2014—2018年海南居民消费者价格指数（CPI）分别为2.4%、1.0%、2.8%、2.8%、2.5%，5年平均CPI为2.3%，实际经济增速+CPI为名义经济增速，那么海南的名义经济增速（名义GDP）保持在7.3%~8.3%。原因在于，一是如果没有外部力量，那么经济发展一般有其原有的惯性和内在逻辑。2014—2018年，海南地区生产总值实际增速分别为8.5%、7.8%、7.5%、7.0%、5.8%，可见增速一直在下降。按照这一规律，海南"十四五"实际经济增速能保持在5%~6%，名义经济增速保持在7.3%~8.3%。二是国家层面的经济增速已经由高速增长转向中高速增长，海南经济增长的岛外需求会下降。三是如果没有外部力量，海南的人口不会大幅度增加，经济增长的内需不会上升，而且随着老龄化的加剧，内需还可能下降。四是海南经济发展的动力之一的房地产业增长乏力，房地产投资增速下降并引起固定资产投资下降。

具体从表2分产业来看，如果没有外在激励，各产业不可能在短期内有大的变化。依据这一逻辑对海南名义地区生产总值和各产业的名义产值进行预测。第一步，利用海南2015—2018年地区生产总值和各产业名义增速的平均值作为"十四五"时期增速的基准；第二步，考虑到增长过程中出现的扰动，允许增速在基准增速的-10%~10%变动，分别计算出最低增速预测和最高增速预测。海南地区生产总值和各产业的名义产值增长预测情况见表3。如果没有自贸试验区和自贸港建设的外在制度刺激，到"十四五"规划的2025年，海南的名义地区生产总值在8000亿~9000亿元，规模仍比较小。分产业来看，海洋产业，互联网产业，教育、文化体育产业，热带特色农业，旅游业将成为前5大产业。其中，互联网产业按照当前的增速预计其未来增长较快。其他产业的规模仍较小，如医疗健康产业最高预测值才311亿元，医药产业、现代物流业等产业的规模都比较小。总体来看，如果按照惯性轨迹发展，海南很难快速发展，甚至会拉大与内地城市的差距。

表3 海南地区生产总值和各产业的名义产值增长预测情况

项目	2018年/亿元	2015—2018年增速平均值/%	2025年最低值预测/亿元	2025年最高值预测/亿元
地区生产总值	4832	8.40	8050	8973
旅游产业	393	11.09	764	879
热带特色农业	758	6.17	1107	1201
互联网产业	231	30.41	1256	1741
医疗健康产业	137	11.28	270	311
现代金融服务业	309	10.25	573	653
会展业	91	11.70	182	211
现代物流业	172	2.09	196	202
海洋产业（含油气）	1599	8.65	2704	3023
海洋产业	1380	10.01	2525	2868
油气产业	219	4.93	297	317
医药产业	77	24.58	311	410
低碳制造业	179	12.23	373	434
房地产业	390	8.01	634	704
教育、文化体育产业	407	15.75	1030	1246

注：表中数字为名义值，即实际值+通货膨胀（消费者价格指数）后的值。
资料来源：作者根据现有数据预测得到。

（二）情景二：受自贸港制度因素激励的增长预测

由上文分析可知，如果按照惯性轨迹，那么海南将难以达成自贸试验区和自贸港的高要求和高标准。所以，海南省政府有必要根据自贸试验区和自贸港总体建设方案，采取各种措施，有针对性地支持某些重点产业的发展，促使海南在一定程度上跳出已有的惯性发展轨迹。

在这个设计框架下，海南"十四五"规划的经济增长目标可以设定为年均实际增长速度为8%~10%，加上2.5%左右的通货膨胀，则名义产值增速为10.5%~12.5%，属于高速增长。按照这一增速，到2025年，海南省名义地区生产总值可以达到9700亿~11000亿元；把着力点放在若干重点产业上，并设想这些产业占地区生产总值的比重为80%，由此计算出8大产业增加值总量。

海南省各级政府应如何干预产业发展？一是巩固提升旅游业、石油化工与先进制造业、热带特色农业和渔业3个传统产业，将其做大做强，提质增效；二是在已有基础上进一步促进互联网产业与数字经济、医药与健康产业、金融服务业的发展，打造新的支柱产业；三是全力发展航空运输与临空经济、国际航运服务业与物流业2个新产业，打造海南发展新优势。

第一，旅游业。充分利用海南旅游人数众多的优势，挖掘消费潜力，提高单位游客的旅游增加值。重点在于完善免税购物政策和环境，打造邮轮、游艇、帆船、潜水、低空、主题乐园等高附加值的旅游产品。此外，要带动会展业、酒店住宿、餐饮业的发展。免税购物方面，由主要领导出面，全力向海关总署等相关主管部门争取，完善进口产品免税旅游购物政策，大幅度简化免税流程、提高或不设免税购物限额，丰富产品种类，甚至可以探索在海南全省实行免税购物政策。通过这种途径，把近年来出境购物的巨大消费需求转移到海南。据报道，2017年中国公民出境旅游突破1.3亿人次，花费达1152.9亿美元，中国出境旅游消费额预计将以6.1%的复合年增长率上升，"十四五"末期将达到1500亿元左右。

第二，航空运输与临空经济。进出海南以航空运输为主，随着游客数量的增长，航空运输业发展潜力巨大。此外，与航空业相关的临空经济，如飞机维修与零配件生产加工业、飞机融资租赁、飞机中转业务、航空人才培训等新业态都有很大发展潜力。航空运输方面，2018年仅海航公司就实现运输收入644.82亿元，实现旅客运输量7988万人次。未来，如果海南旅游业人数按10%增长，则航空运输的增加值也基本能按10%的速度增长，到2025年可达到 1200 亿元左右。此外，在飞机融资租赁业务方面，2018 年，天津海关共办理海关融资租赁业务 284 票，涉及飞机、飞机发动机和大型生产设备等货类，累计货值 996.32 亿元。海南如果在政策方面有比天津更好的优势，则 2025 年飞机融资租赁业增加值可达到 300 亿元。总体来看，航空运输与临空经济业在"十四五"规划末期增加值可能达到 1500 亿元。

第三，国际航运服务业与物流业。虽然海南不在国际主航道上，但是海南在发展国际航运业方面仍有一定的比较优势，其距离东南亚各国很近，距离国际主航道较远。而且，相对香港来说，海南有价格方面的优势。有些航运服务也可以远离船舶的物理位置，如船舶融资、船舶保险、海事仲裁、航运衍生品交易、船舶经纪、船舶注册、船舶管理、海事信息咨询等。如果能够争取到税收、外汇、国际航运法律等方面的政策优势，海南可在船舶登记、注册、经纪、管理、维修、融资、保险、海事服务等领域获得突破性发展，并据此发展物流中转、跨境电商等物流服务。保守来看，这一产业 2025 年的增加值可达到 500 亿元。

第四，石油化工与先进制造业。石油化工是海南的传统优势产业，未来更要大力发展石油化工产业，提高海南在航空、海运油品方面的价格优势。先进制造业也要结合传统的医药产业及飞机和船舶零部件制造展开。这需要充分利用海口国家级高新区，以及三亚崖州湾科学城的优势。要在崖州湾科学城大力引进石油化工研发机构、深海石油勘探和采炼研发机构、与飞机和船舶零部件制造相关的科研机构和企业，做好产、学、研一体化，促进这一产业的发展，争取 2025 年产业增加值达到 500 亿元。

第五，互联网产业与数字经济。从近年来的增长速度来看，该产业发展较快。如果按照正常增速，2025 年互联网产业与数字经济增加值有望达到 1300 亿元左右。海南现有澄迈生态软件园、复兴城互联网创业园，在后续的园区产业建设中，如果能够把握 5G 技术和数字经济带来的应用领域的商机，如新能源汽车软件、自动驾驶软件等第三方应用软件的开发，该产业的增速有可能更快，到 2025 年增加值可能达到 1500 亿元。

第六，医疗与健康产业。海南发展该产业的现实基础较好，重点是要把海口高新区、博鳌乐城医疗先行区、五指山和三亚的康养基地结合起来发展。海口高新区要争取到医药生产，特别是仿制药生产的优惠政策，促进药品生产的快速发展，服务岛内需求。海口高新区拥有医药产业企业 72 家，2018 年制药企业完成工业总产值 139.8 亿元，同比增长 25.8%，增速较快，而且美安新药谷已经建设，可容纳更多药企。如果能够达到年均 30% 的增速，2025 年产值有望达到 900 亿元，增加值 500 亿元。博鳌乐城医疗先行区现已建成基本雏形，但要尽快推行"国九条"，允许进口药的灵活使用，引进国内外医疗专家，利用康养结合发展旅游养生等。2018 年，先行区营业收入约 3.65 亿元，增长约 236%，如果未来每年增长 50%~100%，到 2025 年产值将达到 200 亿元左右。医疗与健康产业 2025 年的增加值有望达到 700 亿元。

第七，热带特色农业和渔业。该产业也是海南的传统产业，按惯性轨迹，到 2025 年的增加值在 1100 亿~1200 亿元。如果政策改革力度加大，2025 年产值有望更多。一是大力发展热带特色现代农业，提高农业的规模化、产业化程度，发展农村集体经济，提高农产品的质量，打造品牌。二是大力发展海洋牧场，拓展海产品的规模限制，发展海水产品育种。三是全力推进南繁科技城项目建设。海南已完成南繁科技城项目选址（规划面积 6028 亩），在南繁科技城周边选定（新增）2 万亩优质耕地作为科技城配套科研用地；现有 24 家单位有意向入驻南繁科技城，产业发展规模预计到 2025 年有望达到 240 亿元，增加值大约 150 亿元。总体来看，到 2025 年该产业增加值可达 1300 亿元。

第八，金融业。金融业一般可以按照实体经济的一个比重来衡量。越是高端和先进的制造业、越是现代化的服务业，其对金融业的依赖越强。所以，随着海南先进制造业、融资租赁、国际航运业、互联网与数字经济等现代服务业的发展，金融业占地区生产总值的比重有望达到 8%~10%。根据上文对名义地区生产总值的估计，金融业增加值估计可达到 800 亿元。

如表 4 所示，以上 8 大产业名义增加值合计为 8300 亿元，海南名义地区生产总值为 9700 亿~11000 亿元，所以这 8 大产业产值将占海南全省经济总量的 75.5%~85.6%。海南省实行自贸试验区和自贸港的制度与政策安排，使海南经济发展前景比惯性增长路径实现的总规模提高 3%~4%。

表 4　2025 年 8 大产业名义增加值预测　　　　单位：亿元

项目	旅游业	航空运输与临空经济	国际航运服务业与物流业	石油化工与先进制造业	互联网产业与数字经济
预测	1500	1500	500	500	1500
项目	医疗与健康产业	热带特色农业和渔业	金融业	合计	占地区生产总值比重
预测	700	1300	800	8300	75.5%~85.6%

观点综述

金融业在全球产业升级与技术进步过程中如何成为国家核心竞争力

巴曙松

北京大学汇丰金融研究院执行院长

香港交易所集团董事、总经理兼首席中国经济学家

2018年经济增长速度回落,很多指标并不好看,但是与此形成对照的是新产业、新业态的快速崛起。在全球动荡的环境中,就新经济来说,中美处于一定的领先地位。全球最好的新经济在中美,全球最好的投资机会在中国。比如,中国,从统计数据来看,2018年的数据显示,整个经济增长指标在回落,但是高技术制造业、战略性新兴产业、装备制造业增长速度在明显加快,信息服务业"一业独大",2018年信息服务业同比增速高达30.7%。所以,这是分化的过程,也是经济转型的过程,金融业要做的事情就是跟进,以金融业的转型来推动经济的转型。

从技术周期角度来看,当前的技术周期、技术时代非常类似于20世纪30年代和70年代,基本上是旧技术周期的末尾、新技术周期导入的前夕。科技创新企业在放缓,龙头马太效应在增强,很多行业底层很困难、头部企业日

子很好过，所以简单地模仿、复制商业模式变得越来越难了，正好是加速在新硬件、资产、商业模式上展开竞争、投资和研发的时期。

在技术方面，反映技术应用活跃程度的 PCT 国际专利申请量，基本是美、中、日三个国家在领跑。2018 年，中国在视听技术、电子通信、数字通信、控制和其他消费品领域位列第一。其实资本市场的创新改革意味着研发投入不可能仅靠哪一个资源，企业的研发创新需要多种力量形成合力。从历史波动数据来看，近年来中国的研发投入占 GDP 的比重有明显的上升，2000 年研发投入占 GDP 的比重大概只有 1%，2018 年上升到 2.18%。通信行业 4 个巨头，我国占了 2 个，但是从全国层面来说，研发投入还存在差距。截至 2018 年底，国家科技成果转化引导基金累计设立 21 只子基金，资金总规模达到 313 亿元；全年境内外专利申请比上年增长 16.9%，授予专利权增长 33.3%。

一方面全球经济动荡，另一方面全球"独角兽公司"数量在不断增加，说明全球在聚焦新经济方面确实不断有新的成果展现出来。按地域划分同期做对比的话，近五六年排名前五的经济体没有发生变化，说明大国竞争力大致稳定，美国、中国（包括中国香港）、英国、印度和韩国"独角兽公司"数量分别为 151 家、88 家、15 家、14 家、7 家。从占比来看，中、美两国依然引领全球"独角兽公司"且影响力加强。

从行业分布来看，"独角兽公司"主要分布在互联网、高端制造和高新科技三大领域。2018 年，微电子商务、工具软件和金融科技领域的"独角兽公司"分别为 40 家、38 家、37 家。三个行业的合计占比下降了约 10%。在 2018 年新生的"独角兽公司"中，新出现的新能源汽车、人工智能芯片、机器人、大数据、计算机视觉、云计算等行业的企业共 28 家，较 2017 年增加 9 家，新经济头部企业在不断涌现。

在这样的大背景下，金融体系要做什么？早期的创新型企业一般具有核心技术和知识产权，但往往面临资本投入少、创业周期长、风险和不确定性高的难题，需要多种金融工具与孵化环境支持新兴技术的创新和产业化进程。

目前，中国多元化、多层次的投融资机制尚不健全，对中国新经济企业发展形成一定制约。所以，金融业要做的事情就很清楚了，经济结构已经转变，而且有的进展很大，但是金融体系调整才刚刚开始。从2018年4月香港做的创新试点所引发的积极反响来看，金融业转变空间和改进效率空间还很大。

加快产权的基础性改革

刘尚希

中国财政科学研究院院长

在中美贸易摩擦升级的情况下，我们要做好自己的事，最重要的就是加快改革。而且我认为基础性的改革比数量更重要。什么是基础性改革？这是我们需要探讨的问题。改革开放40余年，中国取得了巨大成就，其中最重要的一条就是产权激励制度。产权激励搞对了，改革的红利就释放出来了。

产权是市场经济的基石。产权源自所有权，但是它超越了所有权，它直接和资源配置联系在了一起。所有权在现代经济中和资源的配置越来越分离，资源的使用、配置，都交给了产权主体。怎么深刻地去理解产权，是当前改革所面临的基础性问题。

我国要把市场经济建立在产权这个基石上，对此我国已经有了初步的法律基础，即《物权法》（已废止）。但是我们对产权的认识，在理论上并没有说清楚，理论不能彻底说服人就会产生各种各样的争论，导致很多问题都无法解决。比如，涉及科研事业单位的科研成果问题，知识产权要不要社会化、要不要结构化。再如，科研单位体制问题，科研单位改革首先涉及财产关系。科、教、文、卫这些事业单位法人地位是建立在一种什么样的财产关系基础上？基于所有权关系还是基于产权是不一样的。国有企业改革和国有资产管理体制的改革也是如此，还有农村土地制度的改革，集体所有权和农村的经营权、转让权改革，城乡土地产权是不是应当要平等，这些问题都涉及产权问题。

改革开放 40 余年所取得的巨大成就，高度概括成一点的话，就是产权激励搞对了，无论是在农村还是城市。产权激励在农村就是农民土地的集体所有权和农民的承包经营权，在城市就是国家的所有权和企业的经营权。产权改革还要进一步深化。在保持公有制不变的体制下，怎样让市场在资源配置中发挥决定性作用？这需要通过产权去实现。

当前我国处于百年未有之大变局，怎样做好自己的事？加快改革。只有把一些基础性的改革搞好了、搞对了，其他的改革才会迎刃而解。这其中重要的一项，就是产权改革。产权改革需要理论指导，需要公有制基础上的产权理论，这与私有制基础上的产权理论是不同的。

改革究竟改什么

王昌林

中国宏观经济研究院常务副院长

国内经济发展阶段发生了边际性、转折性的变化，发展阶段和条件进入了深刻转型、爬坡上坎的一个最关键阶段。我国经济现在稳中有变、稳中有忧。何以解忧呢？唯有改革。哪些是基础性改革，怎么改，怎么落地？一是抓重大改革；二是抓落地。

首先，要改政府。核心就是要"放"。要放开市场准入条件，要放到位、放到落地，不能放到半空中。改革开放以来，没有"放"，深圳不会发展起来；没有"放"，我们现在可能还在农村。

第一，服务业的市场开放确实要"放"。特别是三个行业要抓住重点放一放：教育、医疗、养老，这三个行业需求很旺、供给不足。

第二，新型产业要"放"，尤其是战略性新兴产业有三件大事要做：一是建立宽容审慎的包容机制，即监管要放，这也是市场经济的强烈要求；二是创造良好的市场应用场景，把中国市场的"大"变为优势；三是加强技术研究和关键技术的开发。

第三，建立落后产能的市场促进机制。供给侧结构性改革就是在产品层面进行改革。

其次，改国企，包括事业单位，重点是要明确战略性布局究竟要多大的比例、在哪些领域，该退的就要退出来。

再次，要素层面要改，即改金融、改教育、改制度。传统金融严重不适应新经济的要求，它的配置结构性错位很严重。中国的现代化，必须有教育的现代化，现代大学制度一定要建立起来。改现代科研研究制度、现代大学制度，就是使创新主体各归其位、科研人员能够潜心研究，就是要出一批大家、出一批重大的成果。改革通过两种方式完成：一是增量改革，二是存量改革。增量方面，新成立一批研究机构，以新机制、新模式和现代科研院所模式，把现代人才吸引过来。存量方面，需分类改革，其涉及养老等各方面，非常复杂。改革还包括三大制度的建立：一是薪酬制度，提高科研人员的收入水平；二是评价制度，将技术研究和应用研究分开来，建立同行评议制度；三是人事制度，能进能出的人事制度，是科研体制改革的基础。

最后，要改收入分配制度。收入分配结构性问题很严重。劳动者不愿意从事制造业，因为制造业利润太低。收入分配改革势在必行，只有这样才能打通国民经济整个循环，实现结构的再平衡。

经过几十年的发展，中国通过改革建立了以供给侧结构性为主线的制度体系和政治体系，推进经济迈向高质量发展。

中国进一步开放面临的问题

李 钢

中国国际贸易学会副会长、商务部研究院学术委员会主任

由于自身地位的提升,我国确确实实成了未来规则的共同参照。国内规制改革开放和国际规则调整将是一个融合的态势。

我国有两个问题需要考虑。一是自身定位的国际接受度,或者国际认可度。作为社会主义国家、发展中国家、市场经济国家,我们在国际上的认可度,或者接受度,其实还是存在问题的。这个问题涉及意识形态、价值观、社会观之争。让国际上接受中国特色社会主义还需要过程,这个过程对于我国的开放来说也是挑战。二是在开放过程中,中国需要考虑自身的定位,发展中国家的这种定位本身未来在多边规则当中会有一些重大改变,这也是我们发展中国家和发达国家的博弈,是未来需要聚焦的问题,是我国未来需要解决的问题。

我国要进一步地开放,需要认真对待一些问题。

1. 中国自身贸易自由化尚未完成

按照 2015 年全球关税平均水平来看,发达国家关税已降到 2.7% 左右。我国在接近完成工业化,或者未来在不太长的时间内完成工业化之后,关税水平是不是还有很大的降低空间。我们需要从经济体量和贸易体量上看待自身。

2. 规则主导权仍掌握在发达国家手中,中国博弈能力不足

发达国家不认可中国对自身的认知和定位,发展中国家也并不完全认可

我国是发展中国家代言人。这样的话，对于我们未来在世界贸易组织当中，提案和要达到的目标都有很大的不确定性。发达国家在搞诸边化，美国搞单边化、碎片化的趋势越来越明显，虽然发达国家并不团结，但是美国有很强的领导力。发展中国家群龙无首，发展中国家之间的发展差异巨大，这对于我们来说如何去代表更广大的发展中国家也是挑战。

3. 发展中国家对中国给予厚望，但又担心中国过多让步

中国的意愿与能力的匹配是严重不足的，在世界贸易组织的改革方面，我们提出议题，推动达成共识，变为提案，进而真正生成共识，上升为一种规则，在这些方面我国还存在很多问题。

新时代要推动对外开放的着力点。

（1）继续推动商品和要素流动型开放，更加注重规则等制度型开放，以高水平开放带动改革全面深化，推动高质量发展。

（2）高水平开放带动开放型经济高质量发展。党的十八届三中全会之后，中共中央《关于构建开放型经济新体制的若干意见》提到，要在经济运行管理上创新模式，形成全方位开放新格局，形成国际合作竞争新优势。我国自身的开放意味着要推动构建开放型世界经济，要体现人类命运共同体的理念，在全球治理和经济治理当中通过"一带一路"倡议，把中国的声音、中国的方案做出能够落地的表达。

（3）推动建设开放型的世界经济。开放的目标是什么，用世界贸易组织的宗旨做描述，就是以市场经济为基础、以自由贸易为原则，通过打破关税和非关税的壁垒，扩大市场准入，增进要素在跨越国境之间的自由流动，从而提高资源配置的效率，增加各国的就业，推动各国贸易福利提升。这是开放的本意、开放的逻辑。

当今政府发挥作用的两个维度

张晓晶

中国社会科学院经济研究所副所长

国家和政府,在历史发展过程中发挥了很大的作用,但是今天国家和政府怎么发挥作用变得格外重要。我想讲两个大的维度,一个维度是政府和市场的关系,这是两维的关系,是从资源和配置的角度来思考的;还有一个维度是国家治理层面,这是三元的关系,除了政府、市场,还有社会。

政府怎么发挥作用?

第一,"修补"市场。市场不可能都是完美的。怎么修补呢?一种是要完善市场机制。如果市场机制发挥作用强度不够的话,我们要增强它;它缺位的地方我们要弥补它。还有一种是塑造市场。政府在这中间发挥非常大的作用。

第二,减少扭曲。政府这只"手"伸长了以后就一定会带来各种各样的问题,产生扭曲作用。在一定的发展阶段,良性扭曲是存在的。比如"两弹一星"、重工业的发展、工农业"剪刀差",在当时推进了我国的发展。它为什么会成功?有以下几个理由。一是后发优势,我国政府集中所有的资源,从这个方向走。二是次优原理,我国不可能所有的制度都是完善的,所以做出了次优的选择。三是市场失灵。我们不是从纯经济学角度来看待成本和收益问题,而是从整个国家利益角度。但所有的良性扭曲在现在这个阶段都会发生变化,就是说良性扭曲存在的条件已经不复存在了,或者说存在的基础很薄弱了。

市场是什么?市场是基本的原则、基本的信仰,并以此来约束、规范、调整政府的行为。所以,我们把政府、市场的作用摆在你也重要、我也重要的位置下,我们的改革就无法推进,因为我们抓不住主要矛盾。

国家治理视角强调政府、市场和社会三元共治，在市场和政府的关系中，政府其实是强势的。在政府、市场和社会的三元关系中，政府也是强势的，但是市场已经发展得不错，最弱的是社会，但是社会非常重要。因为，如果没有一个自组织力量强大的社会，它就不能发挥监督政府、管控政府、规范政府的作用。

政府自身也有三个维度：国家能力、法治政府和责任政府。在国家能力维度，我们已经很强了，但是另外两个维度比较弱。为什么会有三维的视角？是因为如果只有国家能力的话，它是"双刃剑"，它想干什么就可以干什么。但是如果有了法治政府和责任政府的话，就有了对国家能力的约束和限制。

政府改革的展望。

第一，如果说40多年前中国改革的起点和重心在市场，那么，40多年后中国改革的起点和重心在政府。因为，过去市场化的推进，只要政府"放手"，就是说我不去管你，市场就能发展。但是今天市场化的推进，所有的瓶颈和障碍归根结底都在政府。

第二，就资源配置而言，政府应是以市场发挥决定性作用为前提，保障、强化和弥补市场机制，减少因政府干预带来的各类扭曲。就国家治理维度而言，应强调政府、市场、社会三方共治，继续推进市场化改革、促进社会的发育；在法治政府与责任政府的约束下施行国家能力，推进国家治理能力与治理体系的现代化。只有这样，政府才能更好地发挥作用。

综合施策应对能源安全风险

姜学峰

中国石油集团经济技术研究院副院长

中美贸易摩擦升级，以及美国与伊朗、委内瑞拉关系的紧张，对国际能源市场、中国海外能源开发投资、石油和天然气进口都产生了一定的影响，能源安全问题受到各方面的高度关注。

首先，对外依存度在快速上升。我国石油对外依存度接近或超过70%，原油对外依存度超过70%。2018年，我国原油进口量达到4.62亿吨，消费量为6.49亿吨。未来我国石油对外依存度还会继续增强。从进口来源看，仍然比较集中，中东地区占40%，2018年我国从中东地区进口石油1.81亿吨；从南美进口达6000吨，占比为14%。

其次，天然气的进口安全日益受到关注。2018年，我国天然气进口量达到1280万立方米，占比为45%，未来这一比例还会进一步上升。估计到2030年我国天然气消费量可能达到6000亿立方米以上。国内保障程度怎么样呢？我国天然气常规产量的生产，加上页岩气等这些非常规产量，比较理想的是每年3000亿立方米，我国一半以上天然气消费量依赖进口。

再次，我国炼油行业产量出现比较严重的过剩，使得石油安全供应问题更加复杂化。伴随石油行业市场化的推进，我国炼油能力快速提升，2018年已达到8.3亿吨，居世界第二位。我国成品油消费处于增速明显放缓的阶段，所以成品油供应市场出现过剩的状态。每年我国的成品油有大量需要出口，造成被动出口的局面，这给我国炼化产业稳定发展带来风险。

最后，现今全球能源供需格局和石油天然气市场治理格局发生革命性深刻变化。从能源供需格局来看，美国在2013年就成为世界第一大天然气生产国，很快会成为第一大天然气出口国，据美国能源情报署估计，到2023年其原油出口量将接近沙特阿拉伯和俄罗斯，达到450万桶/天，能源独立态势日趋明显。相反，中国这些年来对外依存度在上升，我国现在是世界第三大天然气消费国，很快将成为世界第一大天然气进口国。这种变化引起了我们对能源安全的担忧。

怎样去应对？这需要综合施策。

第一，要做好自己的事，立足国内来增强基础保障能力。一方面是大量增储上产，保持国内石油产量的基本稳定，这就需要进一步提升老油田的产收率；另一方面是关注新领域、新区域的突破。

第二，要继续加强储备建设。在已有的国家储备基础上再进一步制定企业义务储备，提升储备水平。按照石油储备做法，建立一定的天然气国家战略储备。

第三，要发展现代煤化工产业，把煤制油、煤制气作为国家战略技术储备，把煤制烯烃作为化工原料多元化选择技术。

第四，要在需求侧方面有所准备，要制定极端情况下应急状况的需求机制，要建立压减体系，哪些部门按照什么样的顺序，在不同的危险级别下怎么样去进行压减和保证核心需求，要在法律和制度层面进行明确。

同时，保证能源安全必须在开放的条件下进行，因为对外依存度在一定程度上说明了能源安全程度，但是能源安全不安全还取决于我们运筹国际资源的能力，取决于我们维护多边多元进口能力的大小。所以，我国要优化贸易结构，做大国际贸易，增强运作国际市场的能力；要进一步加强周边能源外交，保证陆上通道的安全；要共建"一带一路"沿线国家，来提升我国在国际能源当中的话语权；要提升国内交易市场，进一步采取措施增强交易者的信心，扩大交易范围；要改革，要深化能源体制改革来激发多元主体的活力，克服国内尤其产业的矛盾，提升石油、天然气产业链的竞争力，一方面扩大准入，另一方面深化能源价格改革使它真正能够反映市场价格、真正实现市场定价；要加快法治建设，加快石油、天然气立法的进程，以法治化的手段来保障市场的规范运作，保障多元主体的权益。

中国电力系统的现状和展望

柴高峰

国网能源研究院有限公司副院长

中国电力工业发展到今天，和世界比到底是处在什么状态？

一是我们的能量足够大。现在我国的电力装机容量为18.5亿千瓦。什么概念呢？就是和全球任何一个国家比，这个容量都是比较大的。我国过去的电源结构以水电、火电为主，现今是以水、火、风和光为主。风电和光电都是1.7亿~1.8亿千瓦的装机容量，这个容量相当于西方一个大国家的装机容量。

二是电力安全，我国的电网安全是值得全体电力人骄傲的。近20年来，我国是全球唯一没有发生大面积停电事故的国家。

三是大批企业得到了成长，走向了世界，和国际一流的企业同台竞争。我国有12家电力企业进入了世界财富500强。

四是"走出去"，参与"一带一路"建设。截至2018年，菲律宾、巴西、葡萄牙、澳大利亚等7个国家和地区的骨干电网由国家电网公司运营，国家电网公司管理境外资产650多亿美元。国家电网"走出去"得到中央充分肯定，产生了重大社会效益和经济效益。

我国电网和国外的差距：第一，在重要城市用户供电可靠性方面，我国和一些国际上重大核心城市比，不在一个数量级上，城市用户供电可靠率由99.99%到99.999%，是要花费巨大投入的；第二，我国的电力营商环境被世界银行评为"获得电力"，中国的获得电力指标在世界排第98位。

未来电力系统的展望。

第一，清洁化。中国的电力伴随着中国的能源而发展，未来清洁化将成为一个主题，我国将继续向着风电、光伏这个方向发展。到2030年非化石能源比重将达到20%，到2050年非化石能源比重将达到50%。

第二，数字化。未来的电网会越来越大，大电网与分布式小电网并存，多种所有制电网、多种能源结构并存，在这种情况下，建设广泛互联、智能互动、柔性、安全、可控的电网是非常重要的。两大电网提出"开放、共享"的理念，就是让全社会共享电网这个平台。

第三，发挥市场作用。电力行业面临着重大的挑战，政府工作报告曾提出，连续两年降低一般工商业电价10%。过去电网建设是不对外开放的，是有限的开放，国务院已发布建设领域的限制，取消了外资对电网建设的限制性因素。更加开放的电力建设将使我国电力企业面临重大挑战。

智库需要四种能力

阮宗泽

中国国际问题研究院常务副院长

智库需要四种能力：一是咨政的能力，即写内部政策报告的能力；二是有对外交往的"二轨"外交能力；三是有学术的支撑，在学术圈占据一定地位；四是和媒体打交道，使当前政策辩论中有你的声音。每种能力的炼成都非常艰难。

现在是中国智库发展的最好时机。中国国际问题研究院一直以来走的是非常封闭的道路，没有人知道我们院，我们院一开始都是武警站岗，以前所在的地方是钓鱼台国宾馆的一部分，很多人都不知道你在那儿干吗，也不允许对外去讲，但是现在不同了，现在我们是鼓励，包括我们的主管部门鼓励我们跟媒体接触，出来发声，去讲话，把我们的研究成果和社会、和各方面分享，这种分享既有分享的成分，也有检验的成分，就是你对这些问题的认识怎么样，你说出来之后是要受到大家的监督的，反过来也是对我们研究的促进。国家的重视，是对智库最大的利好消息。

关于智库人才的思考

李　兰
国务院发展研究中心公共管理与人力资源研究所副所长

我多年从事人才研究工作，企业家人才、技术人才、公务员队伍人才建设是最重要的。在这三个方向上，我重点研究了企业家人才，我坚信发展人才能发展组织。我做了多次关于智库现状、困境以及未来发展建议的问卷，问卷中有一个共同的问题，是机制重要还是人重要？虽然每次基本是一半被调查者说人重要，一半被调查者说机制重要，但我更倾向于人重要，因为人是可以活动的，有轮动性，而机制需要有一段时间的改善和创造。

我认为智库最重要的是领导人，没有好的领导人很难有持续成长的队伍，也很难有非常合理的人才结构队伍。所以，智库的领导人，尤其是"一把手"是最重要的生产力，也是最大的创造力。同时，智库还需要很多的管理人才，很多智库都是专家来担任管理者，但管理是重要的岗位，涉及专业的设计、文化的建设和怎么吸收优秀人才。智库的人才不是一般的人才，怎样寻找合适智库的人才是一个很大的课题。人进来以后，怎样培养他、提升他、留住他，让他实现更高的价值，是非常重要，也是值得探讨的问题。在人才，尤其是人才培养方面，如果我们能在战略上吸引他、在文化上留住他，那五流人才能变成三流人才，三流人才能变成一流人才。领导人和各部门的领导者，是专业人员，但也要在领导力方面接受学习。

在社会上有影响力的学科带头人也是重要人才。智库很出名，在社会上很有影响力，但具体说到有哪些人，可能就叫不出多少名字了。所以，有影响力的学科带头人是提升智库影响力的重要因素。

研究人员有两类：一类是接地气的研究人员，他的直觉、判断和感觉很重要；另一类是复合型研究人员。

智库大数据评价意义

朱旭峰

清华大学公共管理学院副院长

在当今全球社交媒体迅速发展、社会舆论力量兴起和各国决策体系不断完善的大背景下，各国智库都在积极拥抱社交媒体，提升智库影响力。

2018年，智库在新型社交媒体上表现得更加活跃，诸多智库已经意识到社交媒体平台提升智库社会影响力的重要作用，很多智库已投入精力管理自己的社交媒体形象。

智库若要更多地去影响社会，就需要深刻理解社交媒体的行为，分析精准投放策略，并且增强研究和产品质量。不同的平台有不同的稿件写法，同样一个观点你写出来就能10w+，别人写出来就没人读，这就是水平差距。

清华大学公共管理学院的智库研究中心，始终追求更加客观地去评价智库、分析智库，希望通过研究来推动决策科学化、民主化。

国家开发银行的智库工作经验分享

黄子恒

国家开发银行研究院副院长

第一，对于中国新发展的认识。

时代呼唤新的使命，习近平总书记在中央外事工作会议上指出，当今世界正处于百年未有之大变局，而中国已成为大变局的突出因素。当前我们正处在从富起来到强起来的历史跃升期，同时我们也面临深刻变化的外部环境，无论是打赢三大攻坚战还是全面深化改革，无论是实现经济高质量发展还是创新社会治理，无论是科学研判国际局势还是制定对外战略，都越来越需要智库发挥重要作用。智库面临更广阔的时代机遇，肩负着更重要的时代责任，所以智库要为新的发展提供新的思想、展现新的作为。

第二，国家开发银行智库建设的实践。

2017年9月25日，国家开发银行入选国家高端智库培育单位，成为智库培育单位中唯一一家金融机构。我们坚持全行办智库，因为国家开发银行本来是专家性的银行，在各个领域和各个行业都有专家。所以，我们与38家分行和10个境外代表处，立足企业智库的特色和开放性特点，打造开发银行服务国家经济重大中长期发展战略的重要平台和能力抓手，通过"融智+融资"的模式，推动中央和有关部委决策的精准制定和有效实施。国家开发银行智库充分利用全球最大的开发性金融机构国际影响力，做了两件大事：一是"请进来"，二是"走出去"。

在"请进来"方面，2018年11月1—2日，国家开发银行智库成功筹办了改革开放与中国扶贫论坛，此次论坛是中央批准的，由中宣部、财政部和国务院扶贫办及世界银行联合主办，由国家开发银行、中国社会科学院、中国国际扶贫中心承办，习近平总书记和联合国秘书长分别发来贺信，11个国家和组织及51个国家证券人士、智库学者、企业领袖及其他各方代表400余人参加了本次会议。在会前，我们组织外方嘉宾分别到广东深圳、河南、贵州和宁夏等改革开放受益最明显、脱贫攻坚比较显著的地区进行现场考察。通过进村入户、面对面、心贴心、实打实的方式，让外宾深入基层扶贫点，实地走访和全面感受中国改革开放脱贫攻坚的巨大变化。汪洋同志对本次论坛给予肯定和批示。

在"走出去"方面，我们与联合国开发计划署、工业发展组织等联合国机构长期保持密切合作，在 2017 年中国政府与联合国开发计划署共同推进"一带一路"行动计划框架下，国家开发银行与联合国开发计划署联合发布了《"一带一路"经济发展报告（2017）》。2018 年以来，为了更好地发挥国家开发银行的"融资+融智"的优势及联合国开发计划署国别网络专家资源优势，国家发展改革委与联合国开发计划署共同发起"一带一路"创新发展平台建设项目，授权国家开发银行研究中心执行。

立足新时代要求，结合国家开发银行自身实践，下面我就"聚力中国智库新发展"，如何聚力提两点不成熟的意见：第一，内聚；第二，外聚。

内聚，是指要加强智库间的合作。随着中央对智库建设的高度重视及相关政策文件的出台，中国特色新型智库要求做到专、精、简，要不断提高专业化水平，智库发展需要智库间更广泛合作。国家开发银行智库和综研院保持着密切合作，综研院在智库建设方面值得国家开发银行学习借鉴的经验有很多。为落实好中央长江经济带高质量发展计划，我们和国家发展改革委宏观院联合发起了"长江经济带智库联盟"。

外聚，是指国际合作交流宣传，国际合作方面要立足智库自身专业优势来构建合作网络。国家开发银行作为国家高端智库，参与了亚洲金融协会首席经济学家委员会合作建设的智库。

后　记

为使更多关注中国经济发展的政府部门工作人员、研究机构、专家学者，以及企业界人士分享"2019综研基金·中国智库论坛"的成果，在深圳市综研软科学发展基金会和综合开发研究院（中国·深圳）各位同事的共同努力下，历时半年，本书终于付梓。

在此，我们向拨冗出席"2019综研基金·中国智库论坛"的各位演讲和主持嘉宾（按拼音排序）：巴曙松、柴高峰、樊纲、郭万达、黄华跃、黄敏、黄子恒、姜学峰、李钢、李兰、林毅夫、刘尚希、阮宗泽、王昌林、许永发、叶小文、袁鹏、张道根、张晓晶、朱旭峰，向提供研究成果的巴曙松、柴高峰、丁元竹、贺力平、胡君、黄子恒、贾康、贾杨、姜学峰、李钢、林毅夫、刘洪愧、裴长洪、王莉丽、吴鸢莺、张晓晶、朱旭峰、上海社会科学院智库研究中心、综合开发研究院（中国·深圳），向所有参加论坛的专家、学者，向策划、组织系列学术活动的综合开发研究院同人樊纲、郭万达、武良成、冯月秋、郑宇劼、吴斐然、程旭玲等，以及为本书出版付出努力的中国经济出版社一并致谢！

编者
2019年12月